NOUVEAUX PROVERBES DRAMATIQUES,

PAR M. THÉODORE LECLERCQ.

Seconde Édition.

TOME II.

PARIS,

ALEXANDRE MESNIER, LIBRAIRE,

PLACE DE LA BOURSE.

1830.

NOUVEAUX
PROVERBES
DRAMATIQUES.

IMPRIMERIE DE H. FOURNIER, RUE DE SEINE, N° 14.

NOUVEAUX

PROVERBES

DRAMATIQUES,

PAR M. THÉODORE LECLERCQ.

Seconde Édition.

TOME SECOND.

PARIS,

ALEXANDRE MESNIER, LIBRAIRE,

PLACE DE LA BOURSE.

1830.

LA FOLLE,

OU

A GENS DE VILLAGE,

TROMPETTE DE BOIS.

PERSONNAGES.

Madame LANOUE , ancienne femme de chambre.
MANETTE , servante de madame Lanoue.
M. PERREL.
M. LÉGER , greffier du juge de paix.
Madame LÉGER , sa femme.
M. TASSIN , arpenteur.
Un Fermier.
Une Fermière.
CLAUDINE , leur fille.
Un maître de poste.
BONNEMAIN , brigadier de gendarmerie.
Troupe de gens de village.

La scène se passe dans un village.

Le théâtre représente une chambre.

LA FOLLE.

SCÈNE I.

Mme LANOUE, MANETTE.

MANETTE.

Madame Lanoue, qu'est-ce que c'est donc que c't'affaire que vous voulez faire ici ce soir?

Mme LANOUE, arrangeant un quinquet.

Madame Lanoue, madame Lanoue! Ne vous ai-je pas répété cent fois qu'il fallait dire Madame, sans ajouter mon nom, que je sais aussi bien que vous, peut-être.

MANETTE.

Eh ben! Madame, qu'est-ce que c'est donc que c't'affaire que vous voulez faire ici ce soir?

Mme LANOUE.

Est-elle sotte! C't'affaire, c'est un *rout*. Ça s'écrit rout, r, o, u, t, rout; et ça se prononce raout, r, a, ra; o, u, ou, raou; t, e, te, raoute: c'est un rout.

MANETTE.

V'là ce que je vous demande; qu'est-ce que c'est que ça?

Mme LANOUE.

Manette, j'ai toujours vécu avec des personnes de la première distinction, et je ne me ferai jamais à vos façons de parler grossières et paysannes.

MANETTE.

Je parle comme on m'a appris.

Mme LANOUE.

Au lieu de me faire des questions insidieuses, regardez plutôt comment s'arrange un quinquet. Depuis six semaines que vous êtes à mon service, n'est-il pas scandaleux que je sois encore obligée de faire votre besogne?

MANETTE.

Vous ne vous en êtes servie qu'une fois, de ce quinquet, le jour que vous attendiez la femme du maire, qui n'est pas venue, et pis aujourd'hui ça fait deux; je n'ai pas pu apprendre.

Mme LANOUE.

Quelle patience il faut avoir pour endurer une raisonneuse pareille!

MANETTE.

En quoi suis-je raisonneuse?

MME LANOUE.

En ce que vous raisonnez toujours. Mais je ne
le souffrirai pas davantage. Passé aujourd'hui, plus
de concessions ; entendez-vous ?

MANETTE.

Non, je n'entends pas.

MME LANOUE.

Saurez-vous seulement me cueillir des fleurs dans
le jardin, pour mettre dans ces vases ?

MANETTE.

Pardine ! faudrait donc que je fusse ben bornée.

MME LANOUE.

Voilà mon quinquet achevé ; tout bien considéré,
j'aime mieux y aller moi-même.

(Elle sort.)

SCÈNE II.

MANETTE, seule, regardant sortir madame Lanoue.

Allez-y ! C'est vrai, elle commande toujours, elle
ne laisse rien faire, et elle est étonnée qu'on n'apprenne pas. Avant d'avoir été femme de chambre de

sa défunte maîtresse, est-ce qu'elle n'avait pas commencé aussi par ne rien savoir? C'est par-là que
tout le monde commence; et pis on se forme.

SCÈNE III.

MANETTE, PERREL.

PERREL.

Bonsoir, petite Manette. Où est donc madame
Lanoue.

MANETTE.

Elle cueille des fleurs pour mettre dans les pots
qui sont sur c'te cheminée, parce que moi je suis si
sotte, si bête, que je ne pourrais pas les choisir
comme il faut.

PERREL.

Tu as la tête montée contre ta maîtresse.

MANETTE.

A dire vrai, monsieur Perrel, je commence à en
avoir assez.

PERREL.

Elle est un peu folle.

MANETTE.

Un peu! vous êtes bien poli.

PERREL.

Pourquoi m'as-tu quitté?

MANETTE.

Parce que, d'un autre côté, vous ne me laissiez pas tranquille non plus, et que, dans le village, on croyait ce qui n'était-pas.

PERREL.

Est-ce qu'il faut prendre garde au village?

MANETTE.

Vous étiez un bon maître; pour ça, je ne dis pas le contraire. Quoique vous ayez été valet de chambre comme madame Lanoue a été femme de chambre, vous n'en êtes pas plus méprisant pour le pauvre monde; au lieu que madame Lanoue avec sa chouanne...

PERREL.

Qu'est-ce que c'est que sa chouanne?

MANETTE.

C'est c'te marquise qu'elle a servie, qui a fait long-temps un état qui s'appelait comme ça, chouanne. Ça rapportait beaucoup, à ce qu'il paraît; madame Lanoue a encore des effets qui viennent de là. Tout ce qui était dans les diligences appartenait à sa dame et à ceux qui faisaient l'état avec elle.

PERREL, riant.

Je sais ce que tu veux dire.

MANETTE.

C'était très-beau ; mais est-ce une raison pour que madame Lanoue soit si fière ? car enfin ce n'est pas elle qui a été chouanne, ce n'est que sa maîtresse. C'est comme si, moi, je me mettais aussi à être fière d'être la servante de madame Lanoue.

SCÈNE IV.

Mme LANOUE, PERREL, MANETTE.

Mme LANOUE, portant des fleurs.

Je vous salue, monsieur Perrel ; vous venez de bien bonne heure. Manette, mettez-moi de l'eau dans ces vases. (Manette va pour prendre les vases.) Je ne vous dis pas de les prendre ; je vous dis d'apporter une carafe. (Manette sort.) Êtes-vous aussi malheureux que moi, monsieur Perrel ? Je ne puis rien faire entendre à cette fille-là.

PERREL.

C'est qu'apparemment vous vous y prenez mal, madame Lanoue : tout le temps qu'elle a été à mon service, j'en ai été fort content.

Mme LANOUE, arrangeant ses fleurs.

Le service d'une femme et le service d'un homme

c'est si différent! Vous ne pouvez d'ailleurs avoir que des habitudes bourgeoises, vous.

PERREL.

Si vous eussiez fait comme moi, qu'en arrivant ici vous fussiez redevenue paysanne...

MME LANOUE.

Redevenue! Je ne l'ai jamais été.

PERREL.

On dit pourtant que vous êtes née dans un village du Soissonnais.

MME LANOUE.

On dit ce qu'on veut; mais on ne peut pas appeler paysanne une personne qui est entrée en service à l'âge de douze ans, et qui n'a jamais été qu'avec des grands noms; une personne qui a émigré; une personne dont les sentimens monarchiques et religieux, le dévouement à la dynastie légitime... Vous êtes bonapartiste, vous, monsieur Perrel.

PERREL.

Ah! vraiment!

MME LANOUE.

Je ne vous en fais pas un reproche; mais, croyez-moi, ralliez-vous au panache d'Henri IV et de saint Louis: pour le moment, c'est ce que vous avez de mieux à faire. Les peuples, c'est un mot; les peu-

ples ce n'est personne. Songez donc, il n'y a pas
encore deux mois, je vivais au milieu de la plus
haute société. Si je vous parlais du refus de l'impôt,
de la croix dans le Levant.... La croix dans le Levant ! est-ce que c'est sa place? Tout doit dépendre
de Rome, monsieur Perrel.

PERREL.

Tout dépend de Dieu, madame Lanoue.

MME LANOUE.

C'est que vous êtes protestant.

PERREL.

Je n'en sais, ma foi, rien.

MME LANOUE.

Mais moi, je vous le dis, et que ce n'est pas votre
faute s'il n'y a pas de synagogue dans ce village.
Comme nous avons été de maison tous les deux,
quoique avec une grande différence de maison, je
crois devoir vous avertir qu'il y a des rapports contre
vous. J'ai vu le curé; j'étais recommandée au brigadier de gendarmerie; je suis fort au courant. Je
donne ce soir un rout pour pacifier le village.

PERREL.

Mais le village est tranquille.

MME LANOUE.

Il y a tranquillité et tranquillité ; nous ne voulons

pas de tranquillité factieuse. Ne vous inquiétez pas ;
on a son but. Il faut extir..... extir..... Aidez-moi
donc !

PERREL.

Extir...

Mme LANOUE.

Extirper. M'y voilà ! Il faut extirper jusqu'à la
dernière catégorie de l'esprit révolutionnaire. Je
sors pour ainsi dire de la cour, puisque ma maîtresse n'en bougeait pas ; et je sais combien on a à
cœur de changer les habitudes anti... Allons, encore
un diable de mot.... anti.... antisociables.... enfin les
habitudes qui font que les sujets raisonnent.

PERREL.

Les paysans ne raisonnent guère.

Mme LANOUE.

Je n'ai pas invité les paysans non plus. Les paysans !
les paysans ne sont pas même des sujets. Les paysans !
qu'est-ce que c'est que ça ? Le village est assez con-
sidérable pour que j'aie pu choisir. Quand je tien-
drai tout mon monde chez moi, je dirai un mot à
l'un, un mot à l'autre ; j'en ai de tout faits. Ils verront bien que j'ai de bonnes manières ; le curé m'ai-
dera, le brigadier de gendarmerie ne me sera pas
inutile non plus, parce que, moitié par crainte de
l'enfer, moitié par crainte de la force armée, moitié
par les raisons que je leur donnerai, moitié sur ce

que je compte que vous ne leur direz pas le contraire, moitié aussi...

PERREL.

Voilà bien des moitiés.

Mme LANOUE, avec la plus grande chaleur.

Monsieur Perrel, il faut en finir; on a eu trop de
ménagemens jusqu'ici. Ma pauvre maîtresse, qui
m'a laissé quinze cents livres de rentes, disait...

PERREL.

Quinze cents livres de rentes!

Mme LANOUE.

Elle m'en aurait laissé bien davantage; mais avec
une famille comme la sienne! Les chouannes faisaient beaucoup d'enfans; elles étaient si malheu-
reuses! Rien qu'en quatre ans madame la marquise
en a eu sept. Et comment les mettait-elle au monde,
la chère dame? Derrière une haie, au pied d'un
arbre, contre un mur, au fond d'un fossé, partout
enfin où les douleurs la prenaient. Cela doit vous
toucher, monsieur Perrel. Dites-moi que vous
n'êtes pas révolutionnaire; non, non, vous ne l'êtes
pas. Pourquoi le seriez-vous? vous ne pouvez pas
l'être. (A Manette qui apporte une carafe.) Laissez cela, et
allez-vous-en. (Manette sort.) Je veux vous convertir.
Vous n'avez que deux arpens de biens nationaux,
rendez-les à l'Église, il vous en restera encore assez,
et vous serez sûr d'être sauvé. Quelque opinion

qu'on ait, c'est toujours une douceur. Vous rendrez ces deux vilains arpens; promettez-le-moi; vous irez plus souvent à la messe; vous observerez les jeûnes et les jours maigres; vous vous confesserez; vous communierez; vous retirerez vos enfans de l'enseignement mutuel pour les envoyer chez les frères. Il le faut; je le veux. C'est convenu, n'est-il pas vrai?

PERREL.

Là, là, comme vous y allez!

MME LANOUE.

Prenez-y garde, nous serons terribles, je vous en préviens. Les prêtres nous ont assurés contre tout événement; l'Autriche et l'Angleterre sont pour nous; la gendarmerie est à nos ordres; ne badinez pas.

PERREL.

Je vous regarde, je vous écoute, et, soit dit sans vouloir vous fâcher, en vérité, si je peux vous comprendre!...

MME LANOUE.

Ce n'est pourtant pas de l'Alcoran. Ce que je dis, c'est ce que j'ai entendu dire si long-temps par des gens d'esprit qui ont des cinquante et des soixante mille francs de place rien que pour penser comme cela. Je parierais que vous en êtes encore aux victoires de la grande armée, vous; c'était donc bien beau? Avez-vous été voir le Calvaire à votre dernier voyage à Paris ? Laissez-nous faire; nous pensons à l'essentiel. Ne dites rien; ne nous contrariez pas; vous verrez. Vous êtes propriétaire; nous aimons les propriétaires.

PERREL.

Avez-vous jamais été malade ?

Mme LANOUE.

La tête quelquefois.

PERREL.

C'est cela : vous vous mêlez de trop de choses.

Mme LANOUE.

Il y a tant à faire, monsieur Perrel, songez donc. Depuis quinze ans, en quoi a-t-on réussi? Il y a toujours des lois, vous ne pouvez pas dire le contraire; est-ce un gouvernement que cela ? Les Français sont essentiellement révolutionnaires; ils nous regardent en riant; ils aiment mieux être en effervescence que de se reposer dans le pouvoir absolu. Ma défunte maîtresse avait bien raison; il faudrait que le gouvernement allât se camper au milieu de la Bretagne, pour venir ensuite reconquérir le gouvernement : les fidèles Bas-Bretons auraient bientôt purgé la langue française de tous les vilains mots qu'on a inventés pendant la démocratie.

PERREL.

Ça viendra, ça viendra, madame Lanoue. Il n'est

pas possible que des projets aussi sages ne s'accomplissent pas. En attendant, calmez-vous. Je reviendrai plus tard.

(Il sort.)

SCÈNE V.

MME LANOUE, ENSUITE MME LÉGER.

MME LANOUE.

J'ai dans l'idée qu'il est du comité directeur; mais le voilà terriblement ébranlé. Il faut leur parler ferme; il n'y a que cela. Voyons à d'autres à présent. (A madame Léger qui entre.) Bonsoir, madame Léger. Pourquoi monsieur le greffier n'est-il pas avec vous?

MME LÉGER.

Son juge de paix lui donne à dîner aujourd'hui, mais il viendra plus tard avec nos enfans.

MME LANOUE.

Des enfans dans un rout, cela ne se fait guère.

MME LÉGER.

Vous allez vous moquer de moi, je ne sais pourtant pas encore ce que c'est qu'un rout.

MME LANOUE.

C'est une assez bonne invention pour les personnes qui ne sont pas de fortune à recevoir souvent. On donne, dans un hiver, un ou deux routs; c'est comme une revue que l'on passe chez soi de toutes les personnes dont on sait à peu près le nom. Si vous êtes glorieux, vous faites servir des rafraîchissemens plus tôt et avec profusion; si vous êtes avare ou seulement économe, on les sert plus tard et avec prudence.

MME LÉGER.

Mais qu'est-ce qu'on fait de tout ce monde-là?

MME LANOUE.

Quand on leur a ouvert la porte, on ne s'en inquiète plus. C'est une foule où tout le plaisir est d'être serrés les uns contre les autres.

MME LÉGER.

Comme à la foire?

MME LANOUE.

Pas du tout. On n'y chante pas; on n'y danse pas; on n'y joue pas; il n'y a ni marionnettes, ni curiosités: il n'y a qu'une maîtresse de maison qui se trémousse afin qu'on dise le lendemain que son rout était des plus charmans. Ici, ce n'est pas cela; j'ai un but politique. Vous connaissez mes opinions?

MME LÉGER.

Les sœurs en sont très-satisfaites.

Mme LANOUE.

Eh bien, madame Léger, en moins de quinze jours, il faut que, malgré eux, tous vos paysans pensent comme moi.

Mme LÉGER.

Si vous espérez cela, par exemple...

Mme LANOUE.

Dieu le veut... et les plus grands seigneurs de la cour aussi. La France ne doit pas toujours faire à sa tête non plus; il est bien temps que nous ayons notre tour. J'ai déjà, aux trois quarts, converti monsieur Perrel.

Mme LÉGER.

Bah!

Mme LANOUE.

Sans doute. J'ai une provision de ces raisons de cour auxquelles personne ne peut résister. « N'affligez pas mon cœur, leur dirai-je; ayez de la patience et laissez-vous conduire. J'ai été à Coblentz; j'en sais plus que vous. Je vous assure que les jésuites sont excellens. » Que pourront-ils répondre?

Mme LÉGER, la regardant d'un air étonné.

Rien.

Mme LANOUE.

Au premier abord on est pétrifié de m'entendre

2.

parler comme je fais; on se demande : A qui en veut-elle donc, cette ancienne femme de chambre? Mais peut-on raisonnablement ne passer que pour une femme de chambre quand on a vécu pendant quinze ans auprès d'une maîtresse qui savait tout, et qui était si confiante qu'elle ne me cachait rien? Je connaissais toujours les ministres trois ou quatre jours d'avance; je pourrais dire que j'en ai vu faire.

MME LÉGER.

Connaîtriez-vous ceux actuels, par hasard?

MME LANOUE.

Je ne sais pas s'ils y sont encore.

MME LÉGER.

C'est que nous avons un neveu dont nous désirerions bien faire quelque chose, un substitut, ou approchant. Il n'est pas très-fort sur le droit; mais, s'il était poussé une fois, il nous ferait bien de l'honneur, parce qu'il est pétri d'indignation.

MME LANOUE.

Contre quoi?

MME LÉGER.

Contre tout. C'est un tempérament comme cela. Il est jaune; il est bilieux; il aurait un dévouement d'enfer.

MME LANOUE.

Eh! eh! madame Léger, si c'est ainsi que vous le dites, il ne serait pas impossible...

MME LÉGER.

Faites cela, ma bonne petite madame Lanoue, oh! faites cela; nous en serons reconnaissans toute la vie. Nous pensons déjà presque comme vous; que notre neveu devienne substitut, nous penserons tout-à-fait de même. Vous devez avoir de grandes protections; vous avez tant de mérite. Ce jeune homme nous a coûté beaucoup d'argent; le brigadier de gendarmerie, Bonnemain, a de l'estime pour lui, et nos vénérables sœurs lui trouvent je ne sais quoi d'un prédestiné.

MME LANOUE.

On y songera; on s'en occupera.

SCÈNE VI.

MME LANOUE, MME LÉGER; M. LÉGER,

un peu ivre.

M. LÉGER.

Me voici, moi.

MME LÉGER.

Bonhomme, pourquoi n'as-tu pas amené les enfans?

M. LÉGER.

Pourquoi? pourquoi? Parce que, lorsque j'ai été à la maison pour les prendre, les petits drôles se sont mis à tourner autour de moi de telle sorte que je n'ai jamais pu en venir à bout.

MME LANOUE, à madame Léger.

Qu'est-ce qu'il a donc votre mari?

MME LEGER.

Je n'aime pas qu'il dine dehors.

M. LÉGER.

On va donc faire le sabbat chez vous ce soir, madame Lanoue?

MME LÉGER.

Tais-toi, bonhomme, tais-toi.

M. LÉGER.

C'est monsieur le maire qui a dit cela à table chez monsieur le juge de paix.

MME LANOUE.

Comment osez-vous parler du maire devant moi? Ignorez-vous que j'ai fait à sa femme une visite qu'elle ne m'a pas rendue?

M. LÉGER.

Cela n'ôte rien à la moralité du maire, madame Lanoue; cela n'empêche pas que ce soit un brave homme, un digne administrateur qui a promis de nous enterrer tous indistinctement, malgré le curé qui voudrait choisir.

M^{ᵐᵉ} LÉGER.

Finis donc, bonhomme. (a madame Lanoue.) Mon mari a d'excellentes opinions ordinairement ; mais, quand il a diné en ville, il n'en est plus le maitre.

M^{ᵐᵉ} LANOUE.

Une autorité doit-elle jamais dîner à ce point-là ?

M^{ᵐᵉ} LÉGER.

Le greffier d'un juge de paix est une si petite autorité.

M^{ᵐᵉ} LANOUE.

J'en conviens, mais dans aucune circonstance il ne doit oublier que ses paroles portent coup.

M. LÉGER.

Je vais vous dire, madame Lanoue : quoique salariées, les autorités ne peuvent pas s'empêcher d'être un peu comme tout le monde ; il ne faut pas leur en vouloir. Demandez plutôt à monsieur Tassin, qui a la meilleure tête du pays.

SCÈNE VII.

LES PRÉCÉDENS, M. TASSIN.

M. TASSIN.

Ne me compromettez pas, monsieur Léger; je n'ai pas la meilleure tête du pays. Je suis arpenteur; mon métier est de toiser; je toise et je m'en tiens là.

M. LÉGER.

C'est au mieux. Je toise aussi, moi; mais ce sont les gens que je toise, et ça me les rapetisse bien.

Mᵐᵉ LANOUE.

Ça ne vous rapetisse pas monsieur le maire, à ce qu'il me semble.

M. LÉGER.

Monsieur le maire est à part, il ne reçoit pas d'appointemens; je ne toise que ceux-là.

Mᵐᵉ LANOUE.

Dans quel pays suis-je tombée, bon Dieu!

Mᵐᵉ LÉGER.

Mais croyez bien, madame Lanoue, que mon

mari parlerait tout autrement s'il n'avait pas un petit verre de vin dans la tête.

M. LÉGER, *avec gaieté.*

In vino veritas, maman Lanoue. Mettez un petit
verre de vin dans la tête de tout le monde, et tout
le monde parlera comme moi.

MME LANOUE.

Toiser les gens qui reçoivent des appointemens !

M. LÉGER.

Expliquons-nous; et qui ne font rien pour les gagner.

MME LANOUE.

Ne faut-il pas que l'argent aille à quelqu'un ?

M. LÉGER.

On en laisserait un peu plus à ceux à qui on le
prend.

M. TASSIN.

Je ne dis pas mon opinion; mais je suis assez de
cet avis-là.

MME LANOUE.

Vous êtes des carbonari, des francs-maçons, des
révolutionnaires qui prêchez les gouvernemens à
bon marché pour aggraver la circulation.

M. TASSIN.

C'est entraver que vous voulez dire.

Mme LANOUE.

Cela ne fait rien. Je suis forte là-dessus; c'est ce qui mettait le plus en fureur tous les amis de ma défunte maîtresse. De grands seigneurs, qui ont des places, ne font-ils pas plus de dépense que des boutiquiers, des industriels? Sont-ce des épiciers qui feront peindre des armoiries sur leurs voitures? Le luxe est nécessaire dans une grande monarchie; mais il faut qu'il n'y ait que ceux qui ont le droit d'en avoir qui en aient.

M. LÉGER.

Tudieu! madame Lanoue, comme vous dégoisez. Si les femmes de chambre de Paris sont toutes des commères comme vous, elles n'y vont pas de main morte.

Mme LANOUE, à madame Léger.

Votre neveu a beau être jaune, madame Léger, je vous prie toujours de ne pas compter sur moi pour lui trouver une place.

SCÈNE VIII.

Mᵐᵉ LANOUE, M. ᴇᴛ Mᵐᵉ LÉGER, M. TASSIN, ᴜɴ ғᴇʀᴍɪᴇʀ, sᴀ ғᴇᴍᴍᴇ, ᴇᴛ CLAUDINE ʟᴇᴜʀ ғɪʟʟᴇ.

LE FERMIER.

Queuque vous voulez donc faire de nous autres, madame Lanoue? Y a une heure que nous sommes dans votre cour à attendre que ça commence.

LA FERMIÈRE.

Vot' violoneux n'est seulement pas encore venu. C'te jeunesse s'ennuie.

CLAUDINE.

Non, ma mère, nous ne nous ennuyons pas; c'est bien joli comme ça.

Mᵐᵉ LANOUE.

Je veux embrasser cette charmante enfant. (Elle embrasse Claudine.) Comment s'appelle-t-elle ?

CLAUDINE.

Claudine, Madame, pour vous servir.

Mᵐᵉ LANOUE.

Elle répond comme un petit ange. Il y a donc

quelques gens comme il faut par ici? Elle n'a pas appris cela toute seule.

M. LÉGER.

Mais j'espère bien que nous sommes tous des gens comme il faut.

MME LANOUE.

Vous ne vous doutez seulement pas de ce que c'est qu'un rout, et cette enfant en a le sentiment; elle devine que c'est une petite cohue tout-à-fait dans le goût anglais.

LE FERMIER, à sa fille.

Est-ce que vraiment t'as deviné ça, toi?

CLAUDINE.

Oui, mon père; car je voudrais qu'il y en eût tous les jours.

MME LANOUE.

Bien, bien, ma belle petite.

LE FERMIER.

Mais ils gèlent tous en bas.

MME LANOUE.

Ils n'ont qu'à monter ici.

LA FERMIÈRE.

Et pis après?

MME LANOUE.

Ils seront dans une chambre.

LE FERMIER.

Et ensuite?

MME LANOUE.

Un rout n'est pas autre chose que cela.

LE FERMIER, à demi-voix à M. Léger.

Dites donc, monsieur Léger, est-ce qu'elle perd la tête?

M. LÉGER.

Il faudrait savoir d'abord si elle en a jamais eu.

LA FERMIÈRE.

En conscience, madame Lanoue, vous ne nous ferez pas croire que vous nous ayez dérangés rien que pour nous entasser dans votre chambre.

MME LANOUE.

Allez en Angleterre.

LE FERMIER.

Laisse donc, femme, il y a queuque chose là-dessous.

LA FERMIÈRE.

Je voyons ben que madame Lanoue a mis des fleurs dans ses pots, et que son quinquet est allumé; mais c'est bentôt vu.

MME LANOUE.

Têtes de fer que vous êtes, je vous dis que c'est un rout.

LE FERMIER.

Raoute, raoute tant que vous voudrez; mais faites-nous faire queuque chose.

Mme LANOUE.

Patientez ; on vous donnera du pain et du beurre.

LA FERMIÈRE.

J'en avons chez nous.

Mme LANOUE.

Et du thé.

LE FERMIER.

Je ne sommes pas malades.

M. LÉGER , riant.

Ah! ah! ah! ah!

Mme LANOUE.

Vous le faites donc exprès? Ne me tourmentez pas. J'ai invité tous les gros bonnets du village dans de si bonnes intentions! Je veux vous rendre monarchiques et religieux, mes enfans.

M. TASSIN.

Je ne m'explique pas; mais nous le sommes peut-être plus que vous.

Mme LANOUE.

A la bonne heure; mais vous ne l'êtes pas comme moi.

M. TASSIN.

C'est que nous ne sommes pas pensionnés pour cela.

MME LANOUE.

Donc vous pouvez vous tromper dans vos opinions.

M. TASSIN.

Si je me trompe, je me trompe pour rien.

MME LANOUE.

Est-ce la révolte que vous prêchez?

Mlle LÉGER.

Il n'y a pas de révolte, madame Lanoue.

MME LANOUE, à Claudine.

Vous me comprenez, vous, aimable créature? Nous comptons sur la jeunesse; la jeunesse est toujours bonne, quand elle n'est pas intriguée par la malveillance.

M. LÉGER, la reprenant.

Instiguée.

MME LANOUE.

Taisez-vous; ne corrompez pas cette enfant. La fidélité est la première des vertus, Claudine.

CLAUDINE.

Entendez-vous, mon père?

MME LANOUE.

N'écoutez pas vos parens.

M. LÉGER.

Jolie éducation !

3.

CLAUDINE.

Eh! ben oui, monsieur Léger, puisque madame Lanoue est pour moi, et qu'elle est aussi pour la fidélité, je ne cache pas que je n'ai jamais aimé qu'Ambroise, et que je n'aimerai jamais que lui. Quand je suis avec Ambroise, je n'ai pas besoin d'autre chose. Les autres peuvent vouloir de la danse et des violons; moi je ne veux qu'Ambroise; et je vas le retrouver en bas, pour qu'il ne s'ennuie pas trop à m'attendre.

(Elle sort.)

SCÈNE IX.

Mme LANOUE, M. ET Mme LÉGER, M. TASSIN, LE FERMIER ET LA FERMIÈRE.

M. LÉGER, à madame Lanoue.

Est-ce là une déclaration de principes? Vous devez être contente.

Mme LANOUE.

Cette malheureuse révolution a pénétré partout. Une jeune fille pure et naïve en apparence, quand on lui parle de fidélité, s'imagine qu'on lui parle d'un amour grossier pour un paysan.

Mme LÉGER.

Ambroise est beau garçon.

SCÈNE X.

LES PRÉCÉDENS, LE MAITRE DE POSTE.

Mme LANOUE.

Monsieur le maître de poste, nous sommes dans un maudit village que je ne parviendrai jamais à réunir.

LE MAÎTRE DE POSTE.

Vous avez plus de trente personnes en bas.

Mme LANOUE.

Réunir à la bonne cause.

LE MAÎTRE DE POSTE.

Réunir à la bonne cause! Mais ne devrait-on pas aussi se réunir un peu à nous, et ne pas nous tourmenter comme on fait.

Mme LANOUE.

Encore un qui se plaint.

LE MAÎTRE DE POSTE.

Ne vient-on pas de nous retirer tout nouvellement une malle-poste, pour la faire passer sur l'autre route, soi-disant parce que l'autre route pense mieux que nous.

MME LANOUE.

Dame ! si c'est vrai qu'elle pense mieux que vous.

LE MAÎTRE DE POSTE.

Toutes les routes pensent de même. On parle aussi de nous ôter les deux diligences qui nous restent.

LA FERMIÈRE.

Il ne manquera plus que ça pour achever l'auberge que tient mon frère ; il sera obligé de mettre la clef sous la porte.

MME LANOUE.

Tous les maîtres de poste et tous les aubergistes qui sont sur cette route-ci pourraient dire la même chose.

LE FERMIER.

Je ne les empêchons pas.

MME LANOUE.

Dès qu'une mesure est générale, on n'a pas le droit de se plaindre ; vous semblez n'être satisfaits que quand vous êtes mécontens. Il serait bien plus simple de rester tranquille et de ne rien dire : c'est le vrai dévouement.

LE MAÎTRE DE POSTE.

Nous ne voudrions qu'une chose ; c'est que ces

messieurs de Paris, qui se battent à qui nous gouvernera, eussent de temps en temps de bonnes idées pour la France.

M. LÉGER.

On les paierait à part pour cela, parce qu'il faut être juste; on sait bien que ce n'est pas dans leur besogne ordinaire.

LE FERMIER.

De bonne foi, quand il fait des saisons comme celles que nous avons depuis deux ans, à leur place je ne pourrais pas m'empêcher d'avoir queuque pitié.

MME LANOUE.

C'est votre presse périodique qui vous apprend à être malheureux. (Au fermier.) Voyons, bonhomme, que lisez-vous?

LE FERMIER.

Je ne lisons pas; je ne savons pas lire.

MME LANOUE.

Si vous ne savez pas lire, vous devez être pour nous.

LA FERMIÈRE.

Qui donc c'est-i vous?

MME LANOUE.

L'ancien régime, où les gens de campagne étaient

si heureux. Êtes-vous faits pour être politiques? On
ne vous demande rien.

LA FERMIÈRE.

Que nos enfans; c'est une bagatelle!

LE FERMIER.

Et de l'argent.

Mme LANOUE.

L'argent! l'argent! c'est leur mot d'ordre à tous;
ils n'ont que cela à la bouche. Cette vilaine révolution a rendu les Français avares à un point que cela
fait frémir. Dieu merci! les gouvernemens ne par-
tagent pas ces idées mesquines. Les gouvernemens
voient de haut.

M. LÉGER, avec ironie.

Oui, les gouvernemens ont l'air de voir de haut,
parce qu'ils ne se soucient de rien.

Mme LANOUE.

Il faut des coups d'État; il faut des coups d'État;
et il y en aura; et vous ne pourrez pas dire qu'on
vous prend en traître : il y a assez de temps qu'on
vous y prépare. Quand la France aura de bons malheurs, nous verrons si elle s'amusera encore à er-
goter sur des matières qui ne la regardent pas. Moi,
qui n'étais venue dans ce village que parce qu'on
m'avait assurée que l'esprit y était excellent et la
vie à bon marché.

M. LÉGER.

Ça fait deux motifs.

MME LANOUE.

Ai-je été trompée! Je ne trouve que des ingrats, des cœurs endurcis, des révoltés, des incendiaires qui ne parlent que d'économie, d'horreurs; qui voudraient dépouiller tout ce qui est au-dessus d'eux.

LA FERMIÈRE, à demi-voix aux autres personnages.

Ne la contrarions pas; elle n'est plus jeune : il est ben possible que sa tête déménage.

MME LÉGER.

Pauvre femme! Elle est folle de bonne foi, au moins.

M. TASSIN.

C'est très-touchant !

SCÈNE XI.

MME LANOUE, M. ET MME LÉGER, LE FERMIER, LA FERMIÈRE, M. TASSIN, LE MAITRE DE POSTE; BONNEMAIN, BRIGADIER DE GENDARMERIE.

MME LANOUE.

Arrivez, arrivez, monsieur Bonnemain. Vous

montez à cheval, vous êtes brigadier de gendarmerie ; pourquoi n'avez-vous pas combattu les mau-
vaises doctrines de ce village ?

M. LÉGER.

Quand on est à cheval, c'est si facile !

BONNEMAIN.

Qu'est-ce donc que vous disiez ?

LE FERMIER.

Ma fine, nous parlions quasi politique.

M. LÉGER.

Et comme vous êtes militaire, vous savez bien,
monsieur Bonnemain, que cela ne vous regarde
pas.

BONNEMAIN.

C'est juste : il y a un ordre du jour là-dessus.

MME LANOUE.

A quoi servez-vous donc ? Ne devez-vous pas soutenir ce qu'on veut faire ?

M. TASSIN.

Tenez, madame Lanoue, sans dire ce qu'on
pense, on peut bien dire ce qu'on a vu. Vous devez
vous rappeler qu'il y a eu un gouvernement qu'on
nommait le Directoire ; les gendarmes ne lui man-
quaient pas, ni les canonniers, ni les canons. Un
jour, pour se faire respecter, il s'avise d'envoyer tout

cela sur une des terrasses des Tuileries; les promeneurs viennent comme de coutume, et même en plus grand nombre que de coutume, pour voir ce qu'on ferait. On ne fit rien. Le Directoire était usé, on le sentait; si bien que les canonniers, avec leur mèche allumée, regardaient les promeneurs, et les promeneurs regardaient les canonniers avec leur mèche allumée. Je ne sais pas de quel côté on commença à rire; mais ça finit par être tout le monde, canonniers, promeneurs, jusqu'aux canons et aux mèches allumées. Il y a des temps où on ne peut plus être sérieux.

Mme LANOUE, effrayée.

Mes amis, je ne vous veux pas de mal; vous pouvez avoir raison et moi tort. Je vous prêche la morale la plus pure; je vous engage à ne pas tenir à l'argent autant que vous le faites. Quoi de mieux? Vous savez le proverbe : PAYEZ, ET VOUS SEREZ CONSIDÉRÉ.

M. LÉGER.

Voilà qui est bien. Mais ceux qui sont payés, qu'est-ce qu'ils seront?

Mme LÉGER, avec impatience.

Ils seront payés, bonhomme; car tu es trop méchant aujourd'hui.

M. LÉGER.

Laisse donc, madame Léger : nous plaisantons.

Madame Lanoue plaisante en parlant de coups d'État; moi je plaisante pour lui répondre; sans cela la conversation finirait.

MME LANOUE, affectant de rire.

Eh! mais, sans doute. Nous ne sommes méchans ni les uns, ni les autres. (Bas à Bonnemain.) La vilaine engeance! Je me suis mise trop à découvert. J'avais cru que tout me serait facile avec des gens de rien comme ceux-ci.

BONNEMAIN.

Il y a tant de gens de rien.

MME LANOUE.

Vous n'avez pas mis vos gendarmes autour de la maison?

BONNEMAIN.

A quoi cela aurait-il servi ?

MME LANOUE.

Pour des routs, c'est assez l'usage. Je vous avoue que la peur me gagne.

BONNEMAIN.

Faites comme on fait, ayez l'air menaçant.

MME LANOUE.

M'assurez-vous que je les intimiderai ?

BONNEMAIN.

Essayez.

Mme LANOUE, haut.

Messieurs, je suis bonne, très-bonne, trop bonne peut-être; mais je déclare que je ne souffrirai pas qu'on m'insulte chez moi.

Mme LÉGER, avec douceur.

On ne vous insulte pas, madame Lanoue.

Mme LANOUE, élevant la voix davantage.

Si fait, on m'insulte. On doit deviner mes opinions et s'y confirmer.

M. LÉGER, la reprenant.

S'y conformer.

Mme LANOUE.

Quand on a l'air de se plaindre du gouvernement, c'est à mes yeux comme si on se plaignait de moi. Je suis pour les prérogratis.

M. LÉGER.

Prérogatives.

LA FERMIÈRE.

Ils parlent latin; mon homme, allons-nous-en.

LE MAÎTRE DE POSTE.

Est-elle drôle, cette madame Lanoue? A qui en a-t-elle?

Mme LANOUE.

C'est vous qui êtes un drôle.

LE MAÎTRE DE POSTE, riant.

Oui, madame Lanoue.

Mme LANOUE, avec exaltation.

Je serais martyre au besoin.

M. LÉGER, riant.

Oui, madame Lanoue.

Mme LANOUE.

Et le pape est au-dessus de tout.

LE FERMIER.

Oui, madame Lanoue.

Mme LANOUE.

Si les gendarmes français ne font pas leur devoir, nous en appellerons d'autres. Le monde est assez grand.

M. TASSIN.

Halte-là, s'il vous plait. Il y a des folies dont on peut rire; il y en a d'autres qu'on ne doit pas supporter. De quel droit nous menacez-vous? Avons-nous été vous chercher? Nous sommes comme nous sommes, vous ne nous changerez pas. Si vous vous déplaisez parmi nous, retournez d'où vous venez; et bon voyage.

M. LÉGER.

Allons, allons, papa Tassin, vous prenez les choses trop au sérieux.

M. TASSIN, *se calmant.*

Vous avez raison ; mais on est si peu accoutumé à entendre de pareils radotages...

Mme LANOUE.

Monsieur Bonnemain, faites-moi le plaisir, je vous prie, de renvoyer tous ces gens-là.

BONNEMAIN, *bas.*

Je suis seul.

Mme LANOUE.

N'importe. J'écrirai à Paris ; je vous ferai avoir de l'avancement. Vous aurez déjoué une conspiration : rien ne fait plus d'honneur. Ah! mon Dieu, on devrait...... Est-ce qu'on ne pourrait pas ?...... Je voudrais...... Mais regardez-les donc ; ils ne bougent pas. Approchez-vous de la fenêtre, monsieur Bonnemain, pour voir ce que font les autres ; ils doivent avoir des ramifications....

BONNEMAIN.

Non. Ils dansent.

Mme LANOUE.

Ils dansent! voyez-vous? Ils savent que c'est un rout, et ils dansent. C'est pour renverser les usages reçus. Ma tête s'embrouille. Qu'il est pénible d'avoir à lutter contre l'effervescence.......... N'est-ce pas comme cela qu'on dit ?......... Quand il n'y a pas d'étrangers pour soutenir un gouvernement, tout va

de travers. Juste ciel! qu'est-ce donc qu'ils crient?
N'est-ce pas *vive la liberté?*

MME LÉGER, lui frappant dans la main.

Madame Lanoue! madame Lanoue! vous vous
faites mal.

MME LANOUE.

Ils crient Vive la Charte! au moins.

LE MAÎTRE DE POSTE.

Avait-elle invité le chirurgien? Sait-on s'il est en
bas?

MME LANOUE.

Ceux qui vivaient il y a deux cents ans ne con-
naissaient pas leur bonheur!

MME LÉGER.

Que c'est triste de voir quelqu'un dans cet
état-là!

MME LANOUE.

Le bruit augmente. C'en est fait de moi. C'est la
révolution. Ils vont tout mettre au pillage. Mes amis,
ne m'abandonnez pas. Vous êtes plus raisonnables
qu'eux ; faites-leur donc entendre que les peuples
sont bien plus heureux quand ils souffrent tout,
que quand ils regimbent contre tout. Si je n'avais
pas perdu un album, un petit livre où ma défunte
maîtresse avait écrit de si belles choses! Mais enfin

apprenez-leur toujours qu'il y a jusqu'à des cardi-
naux à la tête de nos affaires; peut-être cela les cal-
mera-t-il.

M. LÉGER.

Ils verront moins en noir.

MME LANOUE.

Nous voulions ramener le beau siècle... (Elle s'arrête
et écoute.) Ils montent l'escalier! (Elle se laisse tomber sur un
siège.) Jésus! Maria!

On entend en dehors le refrain d'une ronde sur l'air :

Et voilà la vie que les moines font.

Le monde est un' danse
Où l'bon Dieu nous lance :
Dès qu'elle commence
On n'peut plus r'culer.

MME LANOUE.

On ne peut plus reculer! Est-ce contre moi qu'ils
ont fait cette chanson ?

LA FERMIÈRE.

Oh ben oui !

MME LANOUE.

On ne peut plus reculer. Si on ne pouvait plus

reculer, tout serait donc fini? (Bas en se détournant.) Les monstres!

(Une troupe de gens de village entre en dansant, tandis que madame Lanoue, entourée de tous les autres personnages, paraît terrifiée.)

SCÈNE XII.

Mme LANOUE, M. ET Mme LÉGER, M. TASSIN, LE MAITRE DE POSTE, LE FERMIER, LA FERMIÈRE, BONNEMAIN; GENS DE VILLAGE SE TENANT TOUS PAR LA MAIN, ET FORMANT UNE RONDE.

UNE JEUNE FILLE, chantant.

Voyez notre danse,
Elle est sans façon.
Si c'est votr' conv'nance,
Entrez dans le rond.
Prenez votre place
Sans fair' la grimace.
Dansez avec grace.
Et pas à r'culons.

(On danse.

MME LANOUE, entre ses dents.

On reculera, malgré vos chansons séditieuses, intrigans que vous êtes, impies, athées.

JEUNE FILLE, chantant.

Gens de haut étage
Voudraient n'plus danser;
Ils trouv' qu'à leur âge
C'est dur d'avancer.
Restez en arrière
Si c'est vot' manière;
Mais un' danse entière,
Ne peut pas r'culer.

(On danse.)

MME LANOUE, avec violence.

Vous serez damnés ; **le ciel tombera sur vous;** c'est comme si c'était fait.

(Les paysans sont au moment d'éclater de rire; mais madame Léger et la fermière leur font signe de se taire.)

MME LÉGER.

Ne riez pas, je vous en prie; dans l'état où elle est, vous pourriez lui faire bien du mal.

LA FERMIÈRE.

La tête n'y est plus. Laissons-la seule.

PLUSIEURS PAYSANS.

Oui, oui, laissons-la seule.

UN PAYSAN.

Et allons danser autre part.

(Ils sortent tous, à l'exception de M. Léger et de madame Lanoue.)

SCÈNE XIII ET DERNIÈRE.

Mme LANOUE, M. LÉGER.

Mme LANOUE, après quelques momens de silence.

Je leur ai dit qu'ils étaient damnés, et ça n'a pas eu l'air de leur faire grand'chose.

M. LÉGER.

Ça ne leur a rien fait du tout. Depuis six ans on leur répète cela tous les dimanches, ils y sont accoutumés.

Mme LANOUE.

Je regretterai toute ma vie cet album de feu madame la marquise; ça leur aurait fait plus d'effet que toutes les damnations possibles. C'était joli! Imaginez-vous, monsieur Léger, des plaisanteries de ducs et de princes, des bons mots d'émigrés, des

épigrammes charmantes contre la révolution, faites
tant à Versailles qu'à Coblentz; et puis, outre cela,
des maximes, des sentences sérieuses, comme celle-
ci, par exemple : Si veut le roi, si veut la loi. C'est
fort, n'est-ce pas?

M. LÉGER.

C'est même très-fort.

MME LANOUE.

J'avais fait un paquet de tout cela, avec un tas de
vieux ridicules qui venaient de madame; quelqu'un
aura mis la main dessus.

M. LÉGER.

Ne le regrettez pas trop cependant; je doute que
vous en ayez tiré le parti que vous croyez. Vous
venez de Paris, de la cour surtout, où il y a tant
d'espèces de monde! Ici nous sommes des gens tout
simples qui ne comprenons pas les finesses; vous
avez pu vous en apercevoir.

A GENS DE VILLAGE, TROMPETTE DE BOIS.

LA DISGRACE,

ou

IL N'Y A PAS DEUX ESPÈCES D'ANTICHAMBRES.

PERSONNAGES.

Le MARGRAVE.

La MARGRAVE.

Madame de ROSEMBERG dame d'honneur.

L'ÉVÊQUE de NEUBRUNN.

Le président de BUTTLER.

Le GRAND-MARÉCHAL.

Le conseiller LINCK.

Madame de WALTER

Madame de RUDENS, mère de madame de Walter.

Le comte de BURCSHAL.

Madame de FURTZBOURG.

RODOLPHE, frère de madame de Rosemberg.

La baronne de GREENSCHLOFF.

SOPHIE de BRISNAW.

Madame de TELLFINGEN, dame d'atour.

ABRAHAM, joaillier.

FRANZ, marchand de modes.

LOUISE, femme de chambre de madame de Rosemberg.

RIBER, chasseur de madame de Rosemberg.

MADEMOISELLE KOHLD, au service de madame de Walter.

Dames de la Margrave.

CHAMBELLANS.

PAGES.

La scène se passe dans une principauté d'Allemagne.

LA DISGRACE.

SCÈNE I.

(Le salon de madame de Rosemberg.)

LOUISE, BRODANT, ENSUITE BIBER.

BIBER, arrivant sur la pointe des pieds.

MADEMOISELLE Louise !

LOUISE.

Mon Dieu, Biber, je vous ai défendu cent fois de
me parler dans le jour.

BIBER, avec naïveté.

J'ai dit : Mademoiselle Louise.

LOUISE.

C'est égal; madame se doute déjà de quelque
chose, et avec l'humeur qu'elle a, depuis hier
surtout...

BIBER.

Je voulais vous demander des nouvelles de la
cour.

LOUISE.

C'est toujours de même.

BIBER.

La princesse ne s'apaise donc pas ?

LOUISE.

Non. Allez-vous-en.

BIBER.

Écoutez, mademoiselle Louise ; je vais faire comme si je nettoyais cette console ; vous, continuez à broder ; de cette façon-là, il entrerait quelqu'un, que ça aurait l'air tout naturel.

LOUISE.

Je ne veux pas.

BIBER.

Vous me refusez toujours.

LOUISE.

Ne dites donc pas des bêtises.

BIBER.

Mais c'est vrai. Qu'y a-t-il donc de si extraordinaire à ce que deux personnes en service dans la même maison se trouvent, par hasard, dans la même pièce ?

LOUISE.

Si c'était autre chose que la curiosité encore qui vous attirât auprès de moi.

BIBER.

Que vous êtes maligne! Vous savez bien à quoi vous en tenir. Au fait, ce que je vous demande ne m'intéresse que parce que c'est à vous que je le demande. Qu'est-ce que ça me fait à moi que madame soit brouillée avec la Margrave? Elle peut bien se passer de sa place; on dit que ses gages ne sont pas déjà si forts.

LOUISE.

Ses gages! Vous parlez comme s'il était question de gens comme nous.

BIBER.

Eh bien! comment dit-on pour eux autres?

LOUISE.

On dit traitement. Mais ce n'est pas pour cet argent-là que madame a le plus de chagrin.

BIBER.

Est-ce qu'elle aimait vraiment la princesse?

LOUISE.

Ce ne serait pas encore là une raison.

BIBER.

Alors, c'est donc l'honneur que cela lui faisait?

LOUISE.

Voilà. La place de madame était extrêmement honorable, et tellement honorable, que je crains

bien qu'en la perdant elle ne soit obligée de diminuer sa dépense.

BIBER.

Je ne vous comprends pas.

LOUISE.

Mais sans doute. Une place extrêmement honorable à la cour est une place qui rapporte extrêmement d'argent.

BIBER.

Expliquez-vous donc. Vous disiez tout à l'heure
que ce n'était pas pour l'argent.

LOUISE.

Pour l'argent du traitement. Mais le reste, ce qu'on
appelle les droits qui sont comme un pillage autorisé, les graces, les faveurs que l'on fait obtenir,
les services que l'on reçoit des ministres et de tous
les gens qui possèdent de grands emplois.... Une
dame d'honneur qui était toujours dans l'oreille de
sa maîtresse; vous jugez que ça se paie. Madame
était chez la Margrave comme est ici notre femme
de charge, à qui vous donnez de temps en temps
des boîtes de confitures, quoique vous ne puissiez
pas la souffrir, parce que vous savez bien que d'un
autre côté ça n'est pas perdu.

BIBER.

La vieille madame Miller peut bien prendre ce

qu'on lui donne; mais madame qui est si fière.....

LOUISE.

Aussi n'est-ce pas des confitures qu'on lui offre.

BIBER.

J'entends bien.

LOUISE.

Par exemple, tous les concerts, tous les divertissemens que nous avons donnés cet hiver, ça n'a rien coûté à madame, et nous avons cependant eu l'étrenne de tous les virtuoses qui sont passés par la ville; mais le directeur du théâtre, qui voulait être nommé directeur des concerts du palais, n'a pas manqué son coup non plus.

BIBER.

C'est bien commode de divertir la cour pendant trois mois à si bon marché.

LOUISE.

Je ne suis que femme de chambre de madame, moi; eh bien! regardez cette bague-là.

BIBER , avec humeur.

Louise, qu'est-ce que cela signifie?

LOUISE.

Bon. Appelez-moi Louise tout haut. Criez plus fort.

BIBER, baissant la voix.

Je veux savoir comment vous avez eu ce diamant.

LOUISE.

Parce qu'on me l'a donné pour la peine de remettre à madame un petit chiffon de papier.

BIBER.

Un petit chiffon de papier !

LOUISE.

Oui, le bourgmestre de Staurback qui veut être autorisé à faire payer aux voyageurs plus de chevaux de poste qu'il ne leur en fournit, afin de gagner davantage.

BIBER.

Je ne vois pas ce que madame peut faire à cela.

LOUISE.

Sans notre disgrace, nous n'aurions pas été embarrassées ; et même, malgré notre disgrace, je n'en désespère pas.

BIBER.

Dites-moi donc au juste le sujet de cette disgrace ; car si madame n'aimait pas beaucoup la Margrave, il est certain du moins que la Margrave...

LOUISE, l'interrompant.

Aimait madame ? Pas davantage. Elle l'avait choisie de préférence pour la tourmenter un peu plus que les autres, et parce que ça l'amusait de faire

croire qu'elle avait de l'attachement pour quelqu'un;
voilà tout. Madame a donc demandé cette permission de trois jours pour aller à sa terre; mais elle
n'a pas été plus tôt partie que la princesse a trouvé
charmant de lui écrire tout de suite, comme une
amie qui ne peut pas être un instant sans s'occuper
de son amie. Elle lui a dépêché un courrier qui devait arriver en même temps que nous. En passant
par Spiegelberg, la bonne madame Schwarz, qui
fiançait sa fille, nous a retenues quelques heures; le
courrier ne nous trouvant pas au château est revenu,
par conséquent, sans réponse; de sorte que la Margrave a jeté les hauts cris. « Madame l'avait trompée;
madame avait dit qu'elle allait à sa terre, et madame était allée autre part. Où était-elle allée?
Pourquoi lui avait-elle fait un mensonge? » Quand
une princesse crie contre quelqu'un, il y a toujours de bonnes amies qui prennent la défense
de ce quelqu'un-là de manière à mettre les choses
au pis. Madame de Kalb, madame de Wurms, toutes
les commères de la cour ne s'y sont pas épar-
gnées, à ce qu'il paraît, puisqu'il est défendu à
madame de se présenter désormais devant la Margrave.

BIBER.

Quelque réforme que fasse madame, cela ne peut
pas tomber sur nous. Il lui faudra toujours bien une

femme de chambre et un chasseur. Ainsi cela nous est égal : nous n'y perdrons rien.

LOUISE.

Je ne m'y fie pas. Elle s'arrangera pour renvoyer quelqu'un. Elle a tant répété qu'elle se ruinait pour faire honneur à sa maîtresse, qu'elle ne voudra pas en avoir le démenti. Elle a déjà parlé de voyager en France.

BIBER.

Ah? que j'aimerais cela.

LOUISE.

Ne l'entends-je pas?

BIBER.

C'est elle-même : je me sauve.

(Il s'enfuit.)

(La comtesse de Rosenberg entre.)

LA COMTESSE, avec humeur.

Que faites-vous ici?

LOUISE.

Madame sait bien que c'est ma place ordinaire.

LA COMTESSE.

Vous n'étiez pas seule.

LOUISE.

Madame, je crois que Biber est venu un instant pour nettoyer les meubles.

LA COMTESSE, avec ironie.

Vous croyez? Vous n'en êtes pas sûre? Allez, Mademoiselle, et dites à monsieur Hutten de faire le compte de Biber.

LOUISE.

Madame le renvoie?

LA COMTESSE.

Exécutez mes ordres.

(Louise sort.)

LA COMTESSE , seule.

Disgraciée! je suis disgraciée! Combien de fois encore serai-je obligée de répéter ce terrible mot avant d'y être accoutumée? Je ne suis plus rien à la cour! C'est impossible. Non, non, c'est impossible. Que pourra faire sans moi cette princesse sans caractère, sans esprit, incapable d'écrire le plus petit billet? Ne craindra-t-elle pas de perdre la réputation que je lui avais faite?..... A quoi vais-je penser? Si on lui a persuadé qu'elle compromettrait sa dignité en me rappelant, elle ne me rappellera jamais. Ingrate! Une femme se conduire aussi durement avec une autre femme?

(Elle reste quelque temps pensive, et tout à coup elle sonne: Louise paraît.)

LA COMTESSE, avec douceur.

Louise, j'avais de l'humeur en entrant dans ce

salon; je ne sais pas trop ce que je vous ai dit; il ne faut plus y penser.

LOUISE.

Madame tient-elle toujours à ce que je parle à monsieur Hutten?

LA COMTESSE.

Non, non; c'est inutile, Louise.

LOUISE.

Je remercie madame pour ce pauvre Biber.

LA COMTESSE.

Laissez-moi à présent, Louise. (Louise sort.) C'est un exemple que je donne à la Margrave. Il me semble que, pour peu qu'on ait le cœur bien placé, c'est ainsi qu'on doit agir : mais les princes ne croient rien devoir à personne.

LOUISE, annonçant.

Monseigneur l'évêque de Neubrunn.

(Elle sort.)

LA COMTESSE, allant au-devant de l'évêque.

Ah, Monseigneur, que je suis reconnaissante.

L'ÉVÊQUE.

Mon devoir n'est-il pas de consoler les affligés?

LA COMTESSE, soupirant.

Ah!

L'ÉVÊQUE.

C'est au château de Lenstenn que j'ai appris cette

fatale nouvelle. Vous jugez si j'ai eu hâte de faire mettre mes chevaux. Mais dites-moi que ce n'est pas aussi terrible qu'on me l'a raconté. Vous n'avez pas perdu tout espoir?

LA COMTESSE.

J'en conserve bien peu.

L'ÉVÊQUE.

Le grand-maréchal vous avait-il effectivement préparé une fête?

LA COMTESSE.

Voici la première fois que j'entends parler du grand-maréchal dans cette affaire.

L'ÉVÊQUE.

Je vous en fais la question parce qu'on m'en a fait le propos. Pour moi personnellement.... vous savez bien... Mais vous n'avez pas été à votre terre comme vous l'aviez dit à Son Altesse.

LA COMTESSE.

Pardonnez-moi.

L'ÉVÊQUE.

Pourquoi le courrier ne vous y a-t-il pas trouvée?

LA COMTESSE.

Je suis lasse de raconter ces détails; mais enfin, puisque vous les ignorez, il faut bien que je vous les apprenne. Je me suis arrêtée chez madame Schvarz, mais deux heures tout au plus, pour complimenter sa fille qu'elle fiançait ce jour-là à un petit Polonais, neveu du grand-maréchal. Je devine à présent que c'est cela qui a mêlé le nom du grand-maréchal dans les contes que l'on aura pu faire.

L'ÉVÊQUE.

Et ensuite?

LA COMTESSE.

Ensuite j'ai continué ma route, et je suis arrivée une heure peut-être après le départ de ce malheureux courrier.

L'ÉVÊQUE.

Vous n'avez pas écrit aussitôt à la princesse?

LA COMTESSE.

Je n'ai pas perdu un seul instant, au contraire.

L'ÉVÊQUE.

A la bonne heure. On m'avait assuré que vous ne lui aviez pas écrit.

LA COMTESSE.

Mais, à mon retour, j'ai trouvé ma lettre qu'elle m'avait renvoyée sans l'ouvrir.

L'ÉVÊQUE.

C'est incroyable.

LA COMTESSE, soupirant.

C'est pourtant comme cela.

L'ÉVÊQUE, après un moment de réflexion.

Il faut convenir d'une chose; une princesse est une princesse.

LA COMTESSE.

Quel crime avais-je commis?

L'ÉVÊQUE.

Ah! ah! voilà ce que c'est que de le prendre avec les princes sur le pied du dévouement absolu; on n'en finit jamais. Je sais bien que c'est avantageux sous un autre rapport; mais dame! aussi... Tenez, j'aime mon état à cause de cela. Un évêque peut se tenir dans d'excellentes limites sans se faire le moindre tort. Il est censé que nous avons des devoirs, une conscience qui ne peut pas se plier à tout; au lieu que vous autres...

LA COMTESSE.

Si ce sont là les consolations que vous veniez m'apporter....

L'ÉVÊQUE.

Permettez donc, permettez donc, ma chère comtesse; il faut bien que je commence comme nous commençons; que je vous remontre la faute que vous avez faite. Vous êtes trop attachée aux choses de ce monde.

LA COMTESSE.

Monseigneur!

L'ÉVÊQUE, d'un ton de psalmodie.

Tâchez d'acquérir cette force d'ame qui aide à supporter les misères de la vie. Votre foi n'est pas assez ardente. Toutes les passions s'éteignent avec l'âge, souvent même l'ambition. Que vous restera-t-il dans vos vieux jours, si vous n'avez jamais cultivé des idées sérieuses? Du vague, de la tristesse, un vide affreux, de vains souvenirs, et plus d'espoir. Continuez, ma fille.

LA COMTESSE.

Que je continue quoi?

L'ÉVÊQUE.

Vous avez raison, vous avez raison. Je m'imaginais toute autre chose. Oui, ma fille, la foi! la foi! Avec la foi, les vraies consolations ne vous manqueront pas.

(Un moment de silence pendant lequel l'évêque paraît prêt à s'endormir.)

LA COMTESSE.

Qu'avez-vous, Monseigneur? Est-ce que vous souffrez?

L'ÉVÊQUE, revenant à lui.

Ce n'est pas positivement que je souffre; mais depuis quelque temps, je ne sais pas ce que j'ai; il me faut du mouvement. En arrivant chez vous, j'é-

tais assez bien parce que la voiture m'avait remué;
aussitôt que je laisse travailler ma tête, je tombe
dans un état indéfinissable : c'est comme un brouil-
lard, de l'ennui, du vague.

LA COMTESSE.

Cela ressemble un peu à l'état dont vous me me-
naciez tout à l'heure; et pourtant, Monseigneur,
on ne peut pas dire que vous soyez tout-à-fait sans
ambition.

L'ÉVÊQUE.

A quoi cela me sert-il? On ne veut rien faire pour
moi. Il est certain que je n'ai jamais eu une vie
épiscopale.

LA COMTESSE.

Il faut laisser dire cela à vos ennemis.

L'ÉVÊQUE.

Si mes ennemis disent cela, ils disent la vérité.
Qu'est-ce que c'est donc que quinze mille florins
par an? C'est tout ce que je puis faire que de conserver quatre chevaux; je me passe de maître d'hôtel,
et je n'ai pas la moitié de la livrée que je devrais
avoir. Vous deviez parler à la princesse.

LA COMTESSE.

C'est la dernière conversation que nous avons eue
ensemble.

6.

L'ÉVÊQUE, avec une grande anxiété.

Elle refuse, j'en suis sûr.

LA COMTESSE.

Elle trouve le petit prince Ferdinand bien jeune encore pour passer dans les mains d'un gouverneur.

L'ÉVÊQUE.

Bien jeune! Songez donc que le mois prochain je vais entrer dans ma soixante-deuxième année.

LOUISE, annonçant.

Madame la baronne de Greenschloff.

(Elle sort.)

LA BARONNE, entrant.

Ah! ah! le bon évêque ici! Eh bien! ma bru, je ne m'étais pas trompée dans ce que je vous disais ce matin.

LA COMTESSE.

Hélas! serait-il possible?

LA BARONNE.

On parle plus que jamais de la petite Amélie de Walter pour vous succéder.

L'ÉVÊQUE, très vivement.

Mademoiselle de Rudens que j'ai mariée l'année dernière à monsieur le comte de Walter?

LA BARONNE.

Il y a une très forte cabale pour elle.

LA COMTESSE.

Assurément vous vous trompez, Madame. La
Margrave ne souffrira jamais auprès d'elle une
femme aussi jeune et aussi écervelée. Rappelez-vous
donc qu'elle a presque fait une scène le jour que
madame de Walter a été présentée, à cause de la
manière dont le Margrave la regardait.

L'ÉVÊQUE , se parlant à lui-même.

Madame de Walter ! Il y a des alliances entre nos
familles.

LA BARONNE.

Que voulez-vous que je vous dise? Si vous aviez
pu voir les Rudens; ils sont triomphans. C'est d'un
goût détestable.

L'ÉVÊQUE.

Mesdames, je vous demanderai la permission de
vous quitter.

(Il salue très-profondément: la comtesse l'accompagne jusqu'à
la porte.)

LA COMTESSE, revient lentement.

Cela ne peut pas m'entrer dans la tête.

LA BARONNE.

, Ma bru, quand on demande une permission pour
aller à sa terre, on va à sa terre; on ne s'arrête pas
en route.

LA COMTESSE.

C'est d'un esclavage !

LA BARONNE.

Bien, très-bien; les mots à la mode, esclavage! Et si vous eussiez été attachée, comme moi, pendant plus de vingt ans, à la feue Margrave, c'était bien autre chose vraiment! Vous parlez de la rigueur de celle-ci; la mienne n'a jamais souffert que l'on prît la parole devant elle, à moins qu'elle ne vous interrogeât, et il était extrêmement rare qu'elle interrogeât. Elle nous tenait des journées entières à faire du filet ou de la tapisserie, comme on tient des enfans dans une école; nous ne nous en plaignions pas; c'était l'étiquette dans toute sa pureté : aussi notre cour, dans ce temps-là, était-elle citée comme un modèle.

LA COMTESSE.

On aurait peine à faire revivre une pareille méthode.

LA BARONNE.

Je le crois bien. Aujourd'hui ce sont des amitiés, des attachemens, des tendresses ! Aussi voyez comme c'est solide. Ma Margrave était bonne, très-bonne; mais sans aucune espèce de familiarité. J'étais devenue la plus ancienne de ses dames, qu'elle ne m'avait encore parlé que pour me donner des ordres.

LA COMTESSE.

Ainsi les Rudens ont tout-à-fait levé le masque?

LA BARONNE.

Tout-à-fait.

LA COMTESSE.

Ils sont si intrigans! Ce doit être le ciel ouvert
pour eux.

LA BARONNE.

S'ils avaient un peu de sang dans les veines, ils
dissimuleraient encore. Plus l'espoir est certain,
plus la modération est facile. La feue Margrave, par
exemple, était un excellent juge de ces sortes de
convenances; je le savais; aussi avait-elle beau m'accabler de ses bontés dans les derniers temps, j'étais
toujours soumise et respectueuse comme si j'avais
encore ses faveurs à conquérir. Elle n'a jamais pu
mettre ma prudence en défaut sous ce rapport-là.
Vingt fois, entourée de toute sa cour, elle m'a fait
asseoir sur son petit tabouret de pieds au moment
où l'on apportait sa collation du soir, et là, avec
une grace pleine de majesté, elle me donnait elle-
même, soit une aile de volaille, ou bien quelques
fruits qu'elle se plaisait à me voir manger dans cette
attitude. Eh bien, je vous certifie, ma bru, que
loin de paraître fière d'une aussi glorieuse préférence, mon maintien fut toujours ce qu'il devait
être, modeste et réservé.

LA COMTESSE.

La petite Walter! Un enfant! une idiote! Soyez sûre que c’est une plaisanterie.

LA BARONNE.

Je ne demanderais pas mieux; car il va y avoir une question à éclaircir dans cette affaire. En vous cédant ma charge, lors de votre mariage avec mon fils, le prince et la princesse m’avaient accordé un brevet de retenue. Je ne vous ai pas pressée à cet égard, quand vous êtes devenue veuve...

LA COMTESSE.

Mais, Madame, ne parlons pas de cela, je vous en conjure.

LA BARONNE.

Pardonnez-moi. Il faudra bien que j’intervienne lorsqu’on vous demandera votre démission.

LA COMTESSE.

Ma démission! Nous n’en sommes pas encore là, il faut l’espérer.

LA BARONNE.

Certainement, sans votre mariage avec mon fils, j’aurais su conserver cette place toute ma vie, et je n’aurais pas aujourd’hui le chagrin de la voir passer dans des mains étrangères.

LA COMTESSE.

Vous n’en savez rien, Madame.

LA BARONNE.

Mais si vraiment, Madame, j'en sais quelque chose.

LA COMTESSE.

Avec une princesse si bizarre.

LA BARONNE.

Chut.

LA COMTESSE.

Si exigeante.

LA BARONNE.

Paix donc, juste ciel! paix donc. Les murs ont des oreilles.

LA COMTESSE.

Que m'importe!

LA BARONNE.

Ma bru, vous n'y pensez pas.

LA COMTESSE.

Bouleverser toute une existence par le caprice le plus ridicule!

LA BARONNE.

En vérité, je vais vous quitter. Je ne suis pas accoutumée à entendre parler ainsi.

LA COMTESSE.

Qu'ai-je fait? là, qu'ai-je fait? je vous le demande.

LA BARONNE.

Vous vous êtes arrêtée en route.

LA COMTESSE.

Et vous trouvez....

LA BARONNE.

Oui, je trouve que vous avez eu tort. Quel mérite aurons-nous auprès de nos maîtres, si nous n'avons pas au moins celui de l'exactitude? Chaque fois que j'ai demandé une permission pour m'absenter, je n'avais pas de cesse que je ne fusse revenue. J'étais tourmentée; j'étais malheureuse; aussi n'en demandais-je pas souvent.

LA COMTESSE.

Mais je n'ai pas excédé le temps qui m'avait été accordé.

LA BARONNE.

Vous vous êtes arrêtée en route, et vous ne deviez pas le faire.

LA COMTESSE.

Vous me rendriez folle.

LA BARONNE.

Pensez-vous à toutes les personnes qui se trouveront entraînées dans votre disgrace? Moi qui ai conservé mes grandes entrées, ne puis-je pas les perdre? alors je perds tout; car les ministres ne se

soucient plus de mes recommandations. Mon frère,
ses enfans, votre famille, vos protégés, tous doivent être dans des transes mortelles. Voilà comme
les meilleures maisons tombent à rien.

LOUISE, donnant une lettre à la comtesse.

Madame, c'est une lettre.

LA COMTESSE, prenant la lettre.

Qu'avez-vous donc à me regarder?

LOUISE.

Rien, Madame. Je ne regarde pas madame.

LA COMTESSE.

Vous avez un air effaré comme si vous preniez
le plus grand intérêt à ce qui se passe. Je vous fais
grace de cette pantomime.

LOUISE.

Madame, il n'y a pas de pantomime.

LA COMTESSE.

Taisez-vous. Attend-on la réponse?

LOUISE.

Oui. Madame.

LA COMTESSE.

Dites que je vais la faire. (Louise sort.)

LA COMTESSE, après avoir parcouru la lettre.

Permettez-vous que je passe dans mon cabinet?

LA BARONNE.

Ne vous gênez pas pour moi.

2.   7

LA COMTESSE, d'un air joyeux.

Cette lettre est de madame de Furtsbourg; elle m'y accable de cajoleries; et comme, malgré sa prétendue légèreté, elle sait toujours fort bien ce qu'elle fait, cela me paraît d'un assez bon augure.

LA BARONNE.

Il est sûr que celle-là ne perd jamais ses phrases.

LA COMTESSE, lisant avec plus d'attention.

Voyez-donc, Madame : « Nous avons beaucoup ri ce matin de la petite Walter, qui a la simplicité de croire qu'elle doit vous remplacer. »

LA BARONNE.

Nous ! Quel est ce nous ? Serait-ce la Margrave ?

LA COMTESSE.

Ça en aurait tout l'air.

LA BARONNE.

Allez, allez lui répondre, ma chère enfant, et tâchez de lui demander quelque explication. Moi, je vais voir de mon côté. A propos, savez-vous que mon frère a la prétention de devenir diplomate et d'être envoyé à Vienne.

LA COMTESSE.

Nous verrons cela; nous verrons cela.

LA BARONNE.

Eh bien! vous ne m'embrassez pas.

LA COMTESSE.

Volontiers. (Elles s'embrassent. La comtesse sort.)

LA BARONNE, *seule.*

J'espère beaucoup. La feue Margrave aimait assez
à faire de ces tours-là ; elle était quelquefois des semaines entières sans vous regarder, et puis, quand
vous vous étiez bien tourmentée, elle vous reparlait
tout à coup. Il faut bien que les princes s'amusent
à quelque chose. Ce n'est pas l'embarras, si c'était la
petite Walter qui succédât à ma belle-fille, mes in-
térêts ne seraient pas compromis.

(Elle sort.)

SCÈNE II.

(Une galerie dans le palais du Margrave.)

LE CONSEILLER LINCK, LE COMTE DE
BURCSHAL.

LE COMTE.

Bonjour, monsieur le conseiller. Il y a bien long-
temps que je n'ai eu l'honneur de vous voir ici.

LE CONSEILLER.

Ah! dame, monsieur le comte, il est sûr que je

ne suis pas un homme de cour, et je ne viens au palais que pour entretenir le Margrave d'affaires importantes. Ce qui se passe aujourd'hui peut devenir si grave!

LE COMTE.

Vous êtes pour madame de Rosemberg, vous, je parie?

LE CONSEILLER.

Plaît-il?

LE COMTE.

Qu'entendez-vous par ce qui se passe aujourd'hui?

LE CONSEILLER.

Les provinces du Midi sont dans une grande effervescence.

LE COMTE.

Il est bien question de cela.

LE CONSEILLER.

Quoi! parlerait-on de guerre?

LE COMTE.

La grande affaire du jour, celle qui occupe tous les esprits, c'est de savoir si ce sera réellement madame de Walter qui remplacera madame de Rosemberg. Moi, je suis pour madame de Walter; je ne m'en cache pas. Si on nous mettait encore là une prude comme madame de Rosemberg, ce serait à déserter le pays.

LE CONSEILLER.

Vraiment?

LE COMTE.

Madame de Walter est bonne personne; sa mère connaît le monde; on ne tremblerait pas à chaque instant que la Margrave fût instruite d'une foule de petites choses qui ne regardent pas une princesse; qui, par elle, remontent au Margrave, et abiment un homme au moment où il s'y attend le moins.

LE CONSEILLER.

Je vois que vous pensez à la petite espièglerie dont vous m'avez parlé.

LE COMTE.

Sans doute. La petite fille m'aimait au moins autant que je l'aimais; il n'y a pas eu séduction de ma part, en vérité.

LE CONSEILLER.

Et quand il y aurait eu séduction, monsieur le comte, qu'est-ce que cela ferait?

LE COMTE.

Si je n'avais pas perdu autant d'argent la semaine dernière, je ne serais pas embarrassé d'en finir. Le père a beau crier bien fort.... Un contrebandier!

7.

LE CONSEILLER.

Êtes-vous sûr qu'il fasse la contrebande?

LE COMTE.

Sûr comme on est sûr de ces choses-là; vous entendez bien.

LE CONSEILLER.

C'est égal; c'est bon à savoir.

LE COMTE.

Vous serez mon sauveur. Le Margrave est si fan-
tasque! Malgré les bontés qu'il a pour moi, avec les
redoublemens de morale qui lui prennent de temps
en temps, il n'a qu'à s'imaginer qu'il sera très-glo-
rieux pour lui de faire un exemple, il est capable
de m'exiler.

LE CONSEILLER.

Exiler le comte de Burcshal pour la fille d'un
contrebandier!

LE COMTE.

Eh! mon Dieu! on ne peut pas savoir. Notre voi-
sin de Prusse, Frédéric II, fait à chaque instant de
ces choses-là; tout en le détestant, il n'y a pas aujourd'hui une tête un peu couronnée qui ne cherche
à l'imiter par quelque chose; il faut y prendre
garde.

LE CONSEILLER.

Silence. J'aperçois le président de Buttler il n'entend pas raison sur ces matières-là, comme vous savez. C'est le sage par excellence.

LE COMTE.

Je le crois plus adroit que nous tous.

(Le président de Buttler entre : après avoir échangé un salut avec le comte et le conseiller, il s'assied, et parcourt des papiers qu'il tient à la main.)

LE COMTE, bas au conseiller.

Vous croyez que ce n'est pas de l'habileté que de s'être établi comme cela à la cour ? Le Margrave lui-même y ferait plus de façons.

LE CONSEILLER.

Monsieur le président est mon supérieur ; je ne puis rien dire.

(Le grand-maréchal entre.)

LE COMTE.

Salut à monsieur le grand-maréchal.

LE GRAND-MARÉCHAL.

Bonjour, Messieurs. Il faut avouer que nous avons un prince admirable. Quant à moi, je ne puis m'en taire.

LE PRÉSIDENT, sans lever la tête.

Ce sont de ces indiscrétions que l'on peut se permettre sans grand inconvénient dans le palais d'un souverain.

LE GRAND-MARÉCHAL.

Ah! ah! monsieur le président, tout frondeur que vous êtes, si notre Margrave avait daigné marier votre fille comme il a daigné marier la mienne; s'il avait daigné tenir son premier enfant sur les fonts de baptême; et si, non content de cela, il avait encore daigné....

LE PRÉSIDENT.

Abrégez, monsieur le grand-maréchal; ne savons-nous pas de reste que le Margrave daigne faire tout ce qu'il fait.

LE GRAND-MARÉCHAL.

Vous en convenez donc? Je sais qu'on dit qu'il y a trop d'exaltation dans mes sentimens; mais chacun a sa manière. Mon maître me pardonne la mienne; du moins je dois le croire, puisqu'il vient encore de me décorer de l'ordre que voici.

(Il entr'ouvre sa veste et laisse voir une décoration.)

LE COMTE, qui s'est approché du maréchal.

Les pierreries en sont superbes.

LE GRAND-MARÉCHAL, avec exaltation.

Ce n'est pas cela qu'il faut admirer; mais la manière dont cette faveur m'a été accordée. Je vous demande à quel titre?

LE PRÉSIDENT.

C'est la question que l'on pourra vous faire.

LE CONSEILLER, *bas au comte.*

Vous m'avouerez que ce ton d'indépendance est très-rare à la cour.

LE COMTE.

C'est un calcul comme un autre.

LE GRAND-MARÉCHAL.

Mais j'aperçois mon gracieux souverain.

(Il se précipite au-devant du Margrave.)

(Le Margrave entre accompagné de l'évêque de Neubrunn ; le président se lève.)

LE MARGRAVE, *à l'évêque.*

Ainsi vous croyez, monsieur de Neubrunn, que ma femme se décidera pour madame de Walter? Sans pouvoir m'expliquer pourquoi, l'autre ne me déplaisait pas.

LE GRAND-MARÉCHAL.

Ah! mon prince, que ces paroles touchantes de Votre Altesse vont porter de soulagement dans le cœur de madame de Rosemberg.

LE MARGRAVE.

J'étais accoutumé à la voir là. J'aime beaucoup par habitude, moi.

L'ÉVÊQUE.

De l'aveu de tout le monde, madame de Walter est une des plus jolies personnes de la cour.

LE MARGRAVE.

Comte de Burcshal, qu'en pensez-vous?

LE COMTE.

Mon prince, j'en appellerais à vous-même. On avait cru remarquer que Votre Altesse.....

LE MARGRAVE.

Eh bien! que mon Altesse.....

LE COMTE.

Avait été frappée de l'éclat de ses charmes.

LE MARGRAVE, riant.

Ce sont de mauvais sujets comme vous qui ont cru remarquer cela. Je ne le cache pas, les jolies femmes attirent volontiers mes regards; mais j'aime aussi la paix; et la Margrave, ah! ah!.......... Ce n'est pas l'embarras, Louis quatorzième de France ne s'en gênait guère; ce qui ne l'a pas empêché d'être un très-grand roi, Messieurs. C'est mon héros. (A l'évêque.) Monsieur de Neubrunn, madame de Walter met-elle du rouge?

L'ÉVÊQUE.

Elle est si jeune et si fraîche.

LE MARGRAVE.

Si elle veut me plaire , elle en mettra, et beaucoup. Avec sa pâleur, madame de Rosemberg avait toujours l'air souffrant. C'est elle qui m'a gâté la Margrave ; elle l'a rendue trop simple ; toutes les autres ont voulu imiter leur maîtresse, et ma cour n'a plus l'air de rien. (Au président.) Qu'en pensez-vous, monsieur le censeur ?

LE PRÉSIDENT.

Prince, le véritable luxe d'un souverain est dans le bonheur de ses sujets.

LE MARGRAVE.

C'est commun cela. Ce sont de ces maximes banales que vous avez été puiser à Ferney dans votre dernier voyage.

LE COMTE, à part.

Le Margrave s'émancipe.

LE MARGRAVE.

Monsieur de Voltaire, à ce qu'on dit, se pique parfois de faire le philosophe.

LE GRAND-MARÉCHAL.

Le luxe d'un souverain est dans l'amour des serviteurs qui entourent sa personne.

LE MARGRAVE.

Je comprends mieux cela ; c'est plus immédiat. D'ailleurs mes sujets ne sont pas malheureux.

LE GRAND-MARÉCHAL.

Le nom de Votre Altesse est béni partout.

LE MARGRAVE, au président.

Vous voyez bien.

LE PRÉSIDENT.

Monsieur le grand-maréchal ignore vraisembla-
blement ce qui se passe dans les provinces du midi.

LE MARGRAVE.

Qu'est-ce qu'elles ont donc ces provinces du
midi ?

LE PRÉSIDENT.

Le recouvrement du dernier impôt y souffre beaucoup de difficultés. Monsieur le conseiller Linck
doit même présenter à Votre Altesse un rapport.....

LE MARGRAVE, élevant la voix.

Ah! ah! monsieur le conseiller, vous vous en
mêlez donc aussi, vous?

LE CONSEILLER , intimidé.

Mon prince, mon rapport ne sera que ce qu'il
plaira à Votre Altesse.

LE MARGRAVE.

Si on écoutait les plaintes de ceux qui paient, ce
serait à n'en pas finir. Il faut bien des impôts; mes
provinces du midi les doivent comme les autres,
n'est-il pas vrai, monsieur de Neubrunn?

L'ÉVÊQUE.

Il est écrit : Rendez à César ce qui est à César.

LE MARGRAVE.

Pour mes peuples, je suis César, et il faut qu'ils me rendent tout ce dont j'ai besoin. S'imagine-t-on qu'il existe dans mon palais un puits où je trouve de l'argent quand il me plaît? Un palais ne produit rien. Que j'accorde des diminutions d'impôt, qu'est-ce que vous me direz, vous autres? Il faudra diminuer vos traitemens, déranger vos existences; je ne serai plus entouré que de figures allongées; je n'aime pas les figures allongées. Voilà déjà l'évêque qui convenait avec moi tout à l'heure qu'il n'avait pas de quoi soutenir sa dignité, et outre ce que je lui donne, certainement l'évêque a bien des ressources; mais je conçois qu'elles ne suffisent pas à la dépense qu'il lui faudrait faire pour avoir la considération qu'il voudrait avoir.

LE COMTE.

L'économie est la perte des États.

LE GRAND-MARÉCHAL.

En général, elle ne profite à personne.

LE MARGRAVE.

Si les provinces du midi se plaignent, c'est qu'à coup sûr les provinces du nord sont trop heureuses; veillez à cela, monsieur le conseiller. Il y a beaucoup plus de jalousie que de malaise réel au fond de toutes les plaintes. Je veux être tranquille. Allez.

(Le conseiller sort.)

LE GRAND-MARÉCHAL.

Les novateurs n'ont pas beau jeu avec notre maitre.

LE MARGRAVE.

Je ne vous en veux pas pour cela, mon cher président; continuez à me parler à cœur ouvert. J'aime assez qu'il y ait à ma cour un homme de votre humeur; mais, pour Dieu, ne m'en élevez pas d'autres. Henri quatrième de France n'a eu qu'un Sully. Il ne faut pas que les remontrances descendent jusqu'aux conseillers; je n'en souffre même pas de mes évêques, quoique certainement ils ne demanderaient pas mieux que de me tourmenter avec leur pouvoir spirituel. (A l'évêque.) Vous riez, monsieur de Neubrunn? Oh! je sais bien que ce n'est pas sur les gens d'esprit que le pouvoir spirituel a le plus d'influence.

L'ÉVÊQUE.

Mon prince, monsieur de Voltaire, que vous n'aimez pas, n'a jamais rien dit d'aussi fort.

LE MARGRAVE.

Bah! je serais plus fort que monsieur de Voltaire! Vous êtes un flatteur. Il est certain, quand on a bien déjeuné, qu'on a l'imagination plus éveillée qu'à l'ordinaire. Grand-maréchal, donnez donc un bal ce soir à madame de Walter, afin que je puisse la voir tout à mon aise.

LE GRAND-MARÉCHAL.

Ah! mon prince, dans toute autre circonstance,
l'ordre que je reçois de Votre Altesse me comblerait
et d'orgueil et de joie ; mais daignez réfléchir que si
madame de Walter est destinée à remplacer auprès
de la Margrave une personne.. ...

LE MARGRAVE.

Je sais bien, une personne que vous avez fait dis-
gracier; mais aussi pourquoi lui donniez-vous une
fête?

LE GRAND-MARÉCHAL.

Mon prince, permettez-moi de faire observer à
Votre Altesse qu'elle a été mal informée. Je n'ai pas
donné de fête à madame de Rosemberg.

LE MARGRAVE.

Comment! Il faudrait donc supposer que l'on
nous aurait fait de faux rapports. Qui l'oserait?
(A l'évêque.) Monsieur de Neubrunn, ne m'avez-vous
pas dit que vous aviez vu madame de Rosemberg
ce matin, et qu'elle vous avait parlé d'une fête?

L'ÉVÊQUE.

Ce que j'ai pu affirmer à Votre Altesse, c'est que
j'avais trouvé à cette respectable dame toute la résignation que l'on devait attendre d'une piété aussi
vive que la sienne.

LE MARGRAVE.

De la résignation, de la piété; c'est à merveille;

je lui en sais bon gré; cela lève bien des difficultés. Grand-maréchal, vous ne devez plus vous faire de scrupule, et je compte sur votre bal pour ce soir.

LE GRAND-MARÉCHAL.

Votre Altesse sera obéie.

(Il fait une profonde révérence et s'en va.)

LE MARGRAVE.

Il semblerait qu'il est plus attaché à madame de Rosemberg qu'à moi-même. Je voudrais bien savoir si Frédéric de Prusse souffre que des considérations particulières nuisent à son service. On est trop heureux que je ne demande que des bals; quand je serai dévot............ Mais nous n'en sommes pas encore là. Allez, comte de Burchsal, dites à ma jeune noblesse que je veux désormais qu'elle soit légère, spirituelle et galante; le bal de ce soir doit faire époque.

LE COMTE, à part.

Voilà les idées de morale en baisse; je n'ai plus rien à craindre pour ma contrebandière.

(Il sort.)

LE MARGRAVE, à l'évêque.

Et vous, mon cher prélat, puisque madame de Walter se trouve être votre alliée, présentez-lui mes hommages. Vous comprenez? Adieu. (L'évêque sort.) Vous ouvrez de grands yeux, président, vous êtes étonné de me voir aussi résolu. Je veux m'amuser. Je ne suis pas politique, je ne suis pas guerrier, je ne suis pas ambitieux; il faut pourtant bien faire quelque chose; je suis trop jeune pour vivre comme je vis. Un Caton de trente ans, et sur le trône encore; ce n'est pas de notre siècle. Eh bien! vous ne dites rien?

LE PRÉSIDENT.

J'écoute Votre Altesse.

LE MARGRAVE.

Si les choses s'arrangent comme je l'espère, que pourra-t-on me reprocher? Madame de Walter est Rudens de son nom; par son mari, par sa famille, elle a droit aux plus grands honneurs de la cour; ce ne sera pas du moins une femme obscure que j'aurai élevée jusqu'à moi. A quoi rêvez-vous?

LE PRÉSIDENT.

Je cherche qui peut avoir suggéré de pareilles pensées à Votre Altesse.

LE MARGRAVE.

Pas de leçons; aujourd'hui cela m'ennuierait. Ne dirait-on pas qu'il faut avoir un esprit supérieur pour avoir de ces pensées-là?

LE PRÉSIDENT.

Quel exemple allez-vous donner à vos sujets!

8.

LE MARGRAVE.

Je ne prétends pas non plus qu'ils s'autorisent de notre exemple.

LE PRÉSIDENT.

Cependant......

LE MARGRAVE.

Mes inclinations regardent-elles personne?

LE PRÉSIDENT.

Une femme mariée! Songez à votre famille, dans laquelle vous allez porter le trouble. Mon prince, j'embrasse vos genoux.

LE MARGRAVE.

Ah! vous allez faire du Burrhus, à présent.

LE PRÉSIDENT.

Tout le margraviat n'aura qu'un cri.

LE MARGRAVE, avec emportement.

Le margraviat! Qu'est-ce à dire, le margraviat? Le margraviat c'est moi.

LE PRÉSIDENT.

O mon maître, ne repoussez pas le dévouement d'un serviteur loyal et d'un fidèle sujet.

LE MARGRAVE.

Le dévouement c'est de se taire. Je vous ai gâté, Monsieur. De ce que je vous ai permis des représentations sur les choses dont je ne me souciais pas, vous vous êtes imaginé que vous pourriez étendre cela à tout; vous vous êtes trompé. Si madame de Walter paraît sensible au bien que je lui veux, demain je la fais dame d'honneur.

(Il sort.)

LE PRÉSIDENT, seul.

Quel feu de paille. (Il rit.) Il a beau dire, ou il achètera ma complaisance par quelques faveurs, ou il me reviendra avec plus d'estime pour mon caractère. Ma position est prise.

SCÈNE III.

(Chez madame de Walter. — Un salon.)

Mme DE RUDENS, ABRAHAM.

Mme DE RUDENS.

Entrez donc, entrez donc, Abraham.

ABRAHAM.

J'ai bien l'honneur de présenter mes très-humbles respects à madame. Je me suis douté que, d'après les bruits qui courent sur madame la comtesse de

Walter, madame aurait besoin de moi. J'ai, dans ce moment-ci, une des plus belles parures.....

MME DE RUDENS.

Il n'est pas question de cela, Abraham; ma fille ne pense pas encore à acheter.

ABRAHAM.

Cependant, Madame, je connais les pierreries de madame de Walter, et, pour le poste qu'elle va occuper, je ne lui vois rien......

MME DE RUDENS.

J'ai du monde chez moi; finissons tout de suite. Vous allez d'habitude chez madame de Rosemberg?

ABRAHAM.

Oui, Madame; c'était une de mes bonnes pratiques. Je dis : c'était, parce qu'à présent........

MME DE RUDENS.

Êtes-vous bien avec Louise, sa première femme de chambre?

ABRAHAM.

Mademoiselle Louise? Nous sommes comme les deux doigts de la main.

MME DE RUDENS.

Eh bien ! Abraham, vous êtes adroit; sans que cela ait l'air de venir de moi, sondez un peu quelles

seraient ses dispositions dans le cas où ma fille lui
offrirait d'entrer chez elle.

ABRAHAM.

Je comprends, Madame. En effet, c'est une personne bien habile, à qui on peut se confier en toute
assurance. Jamais le nom de sa maîtresse n'a été
prononcé dans aucun des services qu'elle a pu
rendre; on aurait cru que madame de Rosemberg
n'en savait pas un mot. Que de bonnes affaires elle
m'a procurées comme cela !

Mme DE RUDENS.

Je ne vous demande pas toutes ces indiscrétions,
Abraham.

ABRAHAM.

Il n'y a pas d'indiscrétion à vanter les bonnes
qualités d'une personne. Qu'est-ce que j'ai dit? que
mademoiselle Louise était obligeante; mais avec un
bon cœur comme le sien, il est sûr qu'il faut une
maîtresse qui soit en position de s'y prêter. Pour des
privilèges d'entreprises, pour des demandes de
places, pour obtenir d'être fournisseur breveté de
la cour, on n'ira pas s'adresser à quelqu'un qui n'a
pas de protection.

Mme DE RUDENS.

Enfin, voyez-la. Ma fille est généreuse; ainsi les
gages ne peuvent pas être un obstacle; ils seront ce
qu'elle voudra.

ABRAHAM.

Je crois bien que madame ne penserait pas à marchander un trésor comme mademoiselle Louise, d'autant que je la crois fort attachée à madame de Rosemberg.

Mme DE RUDENS.

Cela doit être; mais avec l'esprit qu'elle a, soyez sûr qu'elle n'aura pas manqué de réfléchir qu'aujourd'hui ce ne serait qu'un attachement stérile. Au surplus, je ne veux rien de force; elle se consultera. Je n'ai pas besoin de vous recommander beaucoup de circonspection, Abraham.

ABRAHAM.

On dirait que madame ne me connaît pas.

Mme DE RUDENS.

Je vous quitte; l'évêque de Neubrunn m'attend dans mon cabinet; ne perdez pas de temps.

(Elle sort.)

ABRAHAM, seul.

Ça ne vaudra jamais madame de Rosemberg; ça ne se laisse tenter par rien. Je croyais qu'avec une place comme celle que sa fille va avoir, elle allait m'acheter au moins une parure de couleur; mais c'est une chipotière qui est si près regardante! Je ne conçois pas ce choix-là de la part de la Margrave.

(Madame de Walter entre.)

MME DE WALTER.

Vous attendez ma mère, Abraham.

ABRAHAM.

Madame la comtesse, je viens de lui parler.

MME DE WALTER.

Vous a-t-elle acheté quelque chose pour moi?

ABRAHAM.

Non, Madame.

MME DE WALTER.

Vous n'aviez donc rien à lui montrer?

ABRAHAM.

Si fait vraiment. J'avais apporté mon plus bel écrin.

MME DE WALTER.

Voyons-le.

ABRAHAM, ouvrant son écrin.

Tenez, Madame, regardez-moi ce collier-là. Il n'a peut-être pas son pareil dans le monde, pour l'égalité des pierres. Vous me croirez si vous voulez, j'ai mis plus de dix ans à les assortir.

MME DE WALTER.

En effet, il est bien beau. Je veux l'essayer. (Elle l'essaie devant une glace.) Ce doit être cher.

ABRAHAM.

Mais non. Je puis le donner pour vingt mille florins, avec les boucles d'oreilles.

Mme DE WALTER.

Avec les boucles d'oreilles!

ABRAHAM.

Si le commerce allait un peu, je ne le donnerais pas pour ce prix-là, assurément.

Mme DE WALTER.

Je le croirais bien. Il jette des feux admirables. Je vais mettre aussi les boucles d'oreilles; donnez-les-moi. (Elle les attache.) Comment me trouvez-vous avec cela?

ABRAHAM.

Je ne voudrais pas mentir à madame; madame est on ne peut pas mieux.

Mme DE WALTER.

C'est ce qu'il me semble aussi. Combien dites-vous?

ABRAHAM.

J'ai eu l'honneur de dire vingt mille florins.

Mme DE WALTER.

Et vous m'assurez que c'est bon marché.

ABRAHAM.

Un collier comme celui-là, Madame, aussi vrai comme je dois mourir un jour, avec des boucles d'oreilles pareilles à celles-ci, je n'aurais qu'à les envoyer en France, je parie tout ce qu'on voudra

que je les vends un grand tiers de plus. Ce n'est pas
la grosseur des pierres qui en fait le mérite ; c'est la
pureté, c'est la taille ; et sous ce rapport vous avez
ce qu'il y a de mieux. Que madame me fasse le
plaisir de les montrer à qui elle voudra, je défie qui
que ce soit de leur faire le moindre reproche.

MME DE WALTER.

Eh bien ! si c'est ainsi, Abraham, je les prends.
Vous n'avez qu'à venir demain ; je parlerai à ma
mère.

ABRAHAM.

Rien ne presse, Madame. A quelle heure ?

MME DE WALTER.

A peu près à cette heure-ci.

ABRAHAM.

Une grace que je demanderai à madame, c'est
de n'en dire le prix à personne, parce que, en vérité, c'est donné.

MME DE WALTER.

Je vous le promets.

ABRAHAM, se retourne avant de sortir.

Comme ils font bon effet.

(Il sort.)

MME DE WALTER, seule, devant une glace.

Je puis bien me permettre cela. Une dame d'honneur! Au bal de ce soir, quel étonnement cela va produire! D'après quelques mots que j'ai entendus entre ma mère et l'évêque de Neubrunn, on croira peut-être que c'est le Margrave qui m'aura fait ce présent. (Elle remue sa tête pour faire briller les diamans.) C'est joli! Je ne dirai à personne d'où cela me vient. (Mademoiselle Kohld entre.) Tenez, ma bonne, regardez.

MLLE KOHLD.

Oh! Madame, qu'est-ce que c'est que ça?

MME DE WALTER.

Ce sont des diamans.

MLLE KOHLD.

Je le vois bien; mais d'où viennent ils?

MME DE WALTER, d'un air mystérieux.

C'est mon secret, ma bonne. Ils sont bien beaux, n'est-il pas vrai?

MLLE KOHLD.

Madame votre mère les connaît-elle?

MME DE WALTER.

Pas encore. Je veux la surprendre. L'évêque de Neubrunn désire que j'essaie ma toilette de ce soir, afin de pouvoir la juger; le coiffeur et Thérèse sont là-dedans qui m'attendent; dans une demi-heure, je serai resplendissante.

(Elle sort.)

MLLE KOHLD, seule.

Elle prend son parti bien gentiment, à ce qu'il parait. Le domestique du comte de Burcsbal ne m'a pas trompée ; c'est cela.... Ma foi ! qu'ils s'arrangent. Pourquoi aussi monsieur le comte de Walter est-il toujours dans ses domaines à faire de l'agriculture au lieu de rester auprès de sa femme ? Il n'aura que ce qu'il mérite. Eh, mon Dieu ! il en sera peut-être fier seulement. Je les vois tous ici ; ce qui me ferait rougir jusqu'aux yeux, ça les émerveille. C'est ma pauvre jeune dame que je plains ; elle va faire la poupée dans cette cour pendant quelque temps, et puis après..... On dira : C'est avec le Margrave..... Qu'est-ce que ça fait le Margrave ? Ce n'est pas une excuse. Que ça dure seulement assez pour que je puisse ajouter quelques petites choses à ce que j'ai déjà, je me retirerai avec bien du plaisir d'un gâchis aussi révoltant.

(Biber entre.)

BIBER.

Votre serviteur, mademoiselle Kohld.

MLLE KOHLD.

Quoi ! c'est vous, monsieur Biber ! quel bon vent vous amène ?

BIBER.

Hélas ! mademoiselle Kohld, je viens à vous

comme à une providence. Madame de Rosemberg va faire de grandes réformes dans sa maison, à coup sûr ; votre maîtresse, au contraire, doit penser à augmenter la sienne ; si elle avait besoin d'un chasseur...

MLLE KOHLD.

Elle doit être bien désolée, cette pauvre madame de Rosemberg, dites-moi donc un peu ; avoir été tout dans cette cour, et puis n'être plus rien !

BIBER.

Dans un sens, elle est plus malheureuse que moi ; elle ne peut servir qu'une princesse, au lieu qu'un chasseur...

MLLE KOHLD.

Je ne sais pas encore si nous en prendrons un. Ce serait terrible pour vous si nous n'en prenions pas ; car les places de chasseur sont rares.

BIBER.

C'est vrai. Il n'y a guère que les gens en place qui en aient ; voyez comme c'est solide. Servir des gens en service, vous avez deux chances à craindre, ou qu'ils vous chassent, ou qu'ils soient chassés.

MLLE KOHLD.

Eh bien ! oui ; mais aussi quand on sort de chez eux, on peut appeler cela une disgrace.

BIBER.

La belle avance! On me met la queue d'un coq
sur mon chapeau, un sabre au côté, un habit militaire, pour me faire monter derrière une voiture;
est-ce que ce n'est pas une moquerie? Il faut que
j'aie des moustaches pour aller chercher des chif-
fons chez une marchande de modes, ou bien porter
sous mon bras une pelisse de femme pendant toute
une soirée.

MLLE KOHLD.

Avec cela, n'est pas chasseur qui veut.

BIBER.

Parce que ce sont ordinairement les maîtresses
qui nous choisissent, et qu'elles nous prennent à la
taille.

(Madame de Walter entre à moitié habillée.)

MME DE WALTER.

Ma bonne, qu'est-ce que c'est que ce jeune
homme-là?

MLLE KOHLD.

C'est le chasseur de madame de Rosemberg qui
vient offrir ses services à madame.

MME DE WALTER.

Pourquoi quitte-t-il madame de Rosemberg?

9.

MLLE KOHLD.

Je lui dois la justice de dire qu'il avait toujours désiré d'entrer dans la maison de madame.

MME DE WALTER.

Au fait, il va me falloir un chasseur. Mon Dieu! qu'il est grand. (A Biber.) Je vous prends.

BIBER.

Je remercie bien madame de ses bontés.

MME DE WALTER.

Venez demain à cette heure-ci ; je vous présenterai à ma mère.

BIBER.

Je n'y manquerai pas, Madame.

(Il sort.)

MME DE WALTER.

Il a bien bonne mine. Je venais vous chercher pour me passer ma robe; Thérèse n'y entend rien du tout.

MLLE KOHLD.

Il fallait me sonner, Madame.

MME DE WALTER.

J'ai mieux aimé venir moi-même. J'ai besoin de mouvement aujourd'hui ; ils m'ont tenue plus d'une demi-heure assise. Je ne sais pas ce que je ferai d'ici

à ce soir. O ma bonne, c'est une grande affaire que
le bal de ce soir! Prenez des lacets dans le tiroir de
la console.

(Elle sort.)

Mlle KOHLD.

Il est clair que nous voulons voler de nos propres
ailes. Arrêter un chasseur sans consulter sa mère!
voilà déjà un grand changement.

(En voyant entrer l'évêque et madame de Rudens, elle sort.)

Mme DE RUDENS.

Comment pouvez-vous craindre, Monseigneur,
que nous ne mettions pas tous nos soins à recon-
naitre vos bontés?

L'ÉVÊQUE.

Dans votre position, rien ne vous sera plus facile
que d'obtenir qu'on avance un peu, pour le jeune
prince, l'âge où il doit être confié aux mains d'un
gouverneur.

Mme DE RUDENS.

C'est même prudent. Cet enfant est si précoce.

L'ÉVÊQUE.

Même pour vous, ma chère cousine, n'est-il pas
essentiel que vous fassiez entrer le plus possible des
vôtres auprès de Leurs Altesses?

Mme DE RUDENS.

Je ne redoute que ce président que vous avez laissé seul avec le Margrave.

L'ÉVÊQUE.

Quoi ! auriez-vous entendu dire que l'on pensât à lui pour le petit prince Ferdinand ?

Mme DE RUDENS.

Ce n'est pas cela. Mais avec sa grande figure sévère, vous savez tout ce qu'il se permet.

L'ÉVÊQUE.

N'ayez pas d'inquiétude. Ma visite avait précédé la sienne, et vous sentez que je ne suis pas resté trois quarts d'heure tête à tête avec le Margrave sans savoir sur quel ton je devais lui parler.

Mme DE RUDENS.

Je m'en rapporte bien à vous, Monseigneur.

L'ÉVÊQUE.

Il en a pour huit jours à croire que les moindres conseils sont une atteinte portée à son pouvoir. Cela visait droit au président, comme vous voyez.

Mme DE RUDENS.

Et le Margrave a bien compris cela ?

L'ÉVÊQUE.

Ah ! s'il l'a compris. Il l'a compris au point de se mettre au pis-faire pour montrer sa puissance.

Mme DE RUDENS.

Il ne s'agit plus que de le maintenir dans ces idées-là.

L'ÉVÊQUE.

Faites-moi gouverneur du jeune prince.

Mme DE RUDENS.

Tout dépend du bal de ce soir.

UN DOMESTIQUE, annonçant.

Madame la baronne de Greenschloff !

Mme DE RUDENS.

O ciel ! la belle-mère de madame de Rosemberg !

L'ÉVÊQUE.

Eh bien ! qu'est-ce que cela a donc de si effrayant ?

LA BARONNE, entrant.

Je trouve aujourd'hui l'évêque partout où je vais.

L'ÉVÊQUE.

C'est que je vous devine, madame la baronne.

LA BARONNE.

Bonjour, madame de Rudens.

Mme DE RUDENS, embarrassée.

Madame...

LA BARONNE.

On raconte des merveilles sur madame de Walter.

MME DE RUDENS.

Vous savez ce que sont des bruits de cour.

LA BARONNE.

Vous allez remplacer ma bru.

MME DE RUDENS.

Pas moi.

LA BARONNE.

Non; mais madame votre fille; c'est la même chose.

MME DE RUDENS.

Rien n'est encore fait.

LA BARONNE.

La princesse y consent, dit-on, et certes le Margrave ne s'y opposera pas.

(Elle sourit avec malice.)

MME DE RUDENS.

C'est ce que j'ignore.

LA BARONNE.

Allons donc. Et cette fête qu'il lui fait donner ce soir par le grand-maréchal.

L'ÉVÊQUE.

Le grand-maréchal donne une fête ce soir, on ne dit pas le contraire; mais rien ne prouve que ce soit pour madame de Walter, ni sur l'ordre d prince.

LA BARONNE.

Ah! Monseigneur! un ministre de vérité! pourquoi dissimuler avec moi? Est-ce parce que je suis
la belle-mère de madame de Rosemberg? Je vous
assure que de toutes les personnes qui pouvaient la
remplacer, madame de Walter était celle que j'aurais choisie moi-même. Que de fois, dans son en-
fance, ne l'ai-je pas tenue sur mes genoux! Elle promettait d'être bien jolie, et certes elle a tenu encore
plus qu'elle ne promettait. J'étais loin de m'imaginer
alors que j'aurais un jour des affaires d'intérêt à
régler avec elle.

MME DE RUDENS.

Quelles affaires, s'il vous plaît, Madame?

LA BARONNE, négligemment.

Oh rien, absolument rien, une bagatelle. Je veux
parler du brevet de retenue que j'ai sur la charge de
dame d'honneur de la Margrave.

(Madame de Rudens regarde l'évêque qui lui fait signe de le
laisser parler.)

L'ÉVÊQUE.

Vous appelez cela une affaire?

LA BARONNE.

J'ai dit affaire, en plaisantant. Je savais fort bien
qu'avec madame de Rudens et madame de Walter,

il n'y avait pas d'inquiétude à avoir. Où est-elle donc cette chère petite? Il est pourtant bien vrai que le feu ne va jamais sans fumée; on ne parle partout que de l'intérêt que lui porte le Margrave.

MME DE RUDENS.

En vérité, Madame, je ne sais pas ce que vous voulez me dire.

LA BARONNE.

Je vois des imbéciles qui s'étonnent ; je leur demande pourquoi. Il est certain que ce sera assez nouveau dans cette cour. Hélas! il y a quelque quarante ans, il s'en est fallu de bien peu que je ne servisse de premier exemple. Cela n'a tenu à rien.

MME DE RUDENS.

Madame dé Greenschloff, je vous proteste que vous me parleriez grec que je ne vous comprendrais pas davantage.

LA BARONNE.

L'évêque au moins doit se rappeler ce grec-là. C'est pour moi comme si c'était hier. Feu le Margrave était un très-beau cavalier; déjà, depuis longtemps, ses yeux m'avaient dit tout ce qu'ils pouvaient me dire; les miens, plus réservés, n'avaient trop osé leur répondre ; mais les princes ont tant de pénétration! Enfin un jour le hasard voulut que nous nous trouvassions dans une embrasure de croisée, assez éloignés du reste de la cour pour qu'il pût me parler sans contrainte. Mon cœur battait comme vous l'imaginez; celui du Margrave à coup sûr n'était pas plus tranquille; nos mains se rencontrent. Quel moment! Un mot et j'étais.... j'étais Agnès Sorel, Gabrielle d'Estrées, la tendre La Vallière, madame de Montespan; toute la cour n'attendait que ce mot pour fléchir devant moi; mes yeux le sollicitaient avec la plus vive impatience: » Ah! Greenschloff, Greenschloff! » s'écria mon souverain... et puis ce fut tout; il s'éloigna; et Greenschloff, Greenschloff en a été pour ses rêves de gloire, sans avoir jamais pu deviner pourquoi ils ne s'étaient pas réalisés.

(Un domestique paraît.)

MME DE RUDENS, au domestique.

Qu'est-ce?

LE DOMESTIQUE.

C'est la liste des visites que madame avait fait demander.

(Il sort.)

MME DE RUDENS.

Quel concours de monde! (Elle regarde les noms.) Est-ce que je me trompe? Ce n'est pas possible. Jusqu'au président Buttler! Voyez donc, Monseigneur. (Avec explosion.) Il n'y a plus d'incertitude; l'austère président lui-même! Ah! Monseigneur, quel beau jour! Madame de Greenschloff, je suis mère, ces transports ne doivent pas vous surprendre.

LA BARONNE.

Mais croyez bien que je les partage, madame de Rudens.

MME DE RUDENS.

Oh! j'en suis sûre. Je n'ai pas besoin de vous dire que ma fille vous signera tout ce que vous voudrez.

L'ÉVÊQUE.

En effet, ce doit être le premier acte de son avè-nement.

MME DE RUDENS.

' Sans contredit. Le président Buttler!

LA BARONNE.

Je vous parlerai plus tard de mon frère qui vou-drait être envoyé à Vienne.

MME DE RUDENS.

On l'y enverra, madame de Greenschloff, on l'y enverra. On fera tout ce que vous voudrez.

(Madame de Walter entre.)

MME DE WALTER.

Maman, voilà à peu près comme je serai ce soir.

LA BARONNE.

Elle est ravissante!

Mme DE RUDENS.

Je ne vous connais pas ces diamans, ma fille.

Mme DE WALTER.

Moi-même, ce matin, je ne les connaissais pas non plus, maman.

Mme DE RUDENS.

Les auriez-vous achetés?

Mme DE WALTER.

C'est mon secret.

Mme DE RUDENS.

Parle donc, ma bonne amie.

Mme DE WALTER.

Est-ce que c'est trop beau pour une dame d'honneur?

LA BARONNE.

Y a-t-il quelque chose de trop beau pour vous, petite espiègle? Mais pourquoi ne pas vous découvrir le cou davantage? Rien n'est si joli qu'un jeune cou. Laissez, laissez-moi faire. *(Elle arrange quelque chose à la toilette de madame de Walter.)* Un peu plus de poitrine aussi. Regardez madame votre mère, à présent.

Mme DE RUDENS.

Ce sont ses diamans qui m'occupent. Dis-moi donc d'où ils te viennent?

C'est si difficile à deviner.

L'ÉVÊQUE.

La seule chose qui lui manque à cette heure, c'est du rouge.

Mme DE WALTER.

Fi donc! je l'ai en horreur.

L'ÉVÊQUE.

Il ne s'agit pas de votre goût; je vous dis positivement qu'il faut que vous mettiez du rouge.

Mme DE WALTER.

Le sérieux de monsieur de Neubrunn me fait rire.

L'ÉVÊQUE.

Est-ce que c'est pour moi que je parle? Mais vous ne pouvez pas faire que je n'aie pas entendu ce que j'ai entendu. Il y a eu une explication à ce sujet-là ce matin. Un des reproches que l'on faisait, et quand je dis on, vous savez bien qui je veux dire; eh bien! donc, un des reproches que l'on faisait à madame de Rosemberg, c'était sa pâleur que la Margrave a imitée, et qui a entraîné celle de toute la cour.

LA BARONNE.

Voilà qui est clair. Puisqu'il est ainsi, ma belle, vous n'avez rien à répondre; il faut en passer par là. Dites-moi seulement où je trouverai du rouge.

MME DE WALTER.

Dans mon cabinet de toilette, Madame; mais je vais sonner.

LA BARONNE.

Eh non! eh non! Laissez-moi donc faire quelque chose pour vous.

(Elle quitte la scène.)

MME DE RUDENS, à sa fille.

A présent que nous ne sommes qu'entre nous, mon cher cœur, explique-moi donc un peu tes diamans. La baronne aurait-elle deviné juste? Est-ce qu'en effet le Margrave...........

MME DE WALTER.

Quelle curiosité!

MME DE RUDENS.

C'est si important à savoir.

L'ÉVÊQUE.

A sa place je ne dirais rien.

MME DE WALTER.

N'ayez pas d'inquiétude, Monseigneur; j'ai fait des réflexions : une dame d'honneur ne doit plus se laisser traiter comme une petite fille.

MME DE RUDENS.

Qu'entends-je? Eh quoi! ma chère enfant, ne suis-je plus ta mère? Faudra-t-il que je regrette les vœux que j'ai faits pour ton élévation? Ah! si elle devait me faire perdre ton cœur, si elle devait m'en-

lever ta confiance, je préférerais mille fois l'obscu-
rité la plus profonde. (Elle a l'air de tomber dans l'accablement.)

LA BARONNE, entrant avec un pot de rouge qu'elle élève au-dessus
de sa tête.

J'apporte de quoi donner le coup de grace; il ne
faut pas qu'on en réchappe. (A madame de Walter.)
Voyons, ma toute belle, tendez - moi vos jolies
joues.

L'ÉVÊQUE, à madame de Walter.

Voici un fauteuil pour vous asseoir.

LA BARONNE.

A nous deux à présent, mon ange.

Mme DE WALTER.

Et qu'il faille cela pour être dame d'honneur!

(La baronne lui met du rouge.)

L'ÉVÊQUE.

Plus sous les yeux, madame de Greenschloff, plus
sous les yeux. J'ai vu un portrait de madame de
Pompadour destiné à l'impératrice Marie-Thérèse,
c'est inconcevable ce qu'elle avait de rouge sous les
yeux.

LA BARONNE.

Est-ce bien comme cela, Monseigneur?

L'ÉVÊQUE.

Encore un peu sur le menton et au bout des
oreilles, et ce sera parfait.

MME DE WALTER, courant à une glace.

Voyez donc, maman, à quoi je ressemble.

MME DE RUDENS, jouant toujours l'accablement.

Je n'ai rien à vous dire; vous n'êtes plus une petite fille.

MME DE WALTER.

Ah! maman, allez-vous me faire une querelle pour un mot que j'ai dit? Il est certain qu'une dame d'honneur peut avoir des secrets, même pour sa mère.

MME DE RUDENS.

Mais, cruelle enfant, si tu as des secrets pour moi, où trouveras-tu l'expérience nécessaire à la position délicate dans laquelle tu vas te trouver?

MME DE WALTER.

L'expérience vient avec la position.

MME DE RUDENS.

Tu m'étonnes.

MME DE WALTER.

Qu'est-ce que c'est d'ailleurs que l'expérience? Votre expérience vous a-t-elle empêchée de me faire faire le mariage le plus singulier.......

MME DE RUDENS.

Des reproches, ma fille, c'en est trop.

LA BARONNE, bas à l'évêque.

Faites donc finir cela.

L'ÉVÊQUE, *élevant la voix.*

Avec ce rouge, remarquez-vous, madame la baronne, combien ces diamans font d'effet.

LA BARONNE.

Aux bougies, ils en feront bien davantage.

L'ÉVÊQUE.

Je m'y connais; c'est un présent au moins de vingt mille florins.

MME DE WALTER.

Vous me faites bien plaisir, Monseigneur; c'est justement ce que m'a dit Abrahâm.

MME DE RUDENS.

Est-ce qu'Abraham vous les a estimés?

MME DE WALTER.

Non; mais Abraham me les a vendus.

MME DE RUDENS.

Vendus!

(*Un domestique remet une lettre à madame de Walter.*)

LE DOMESTIQUE.

Madame, on attend la réponse.

(*Il sort.*)

MME DE WALTER.

C'est de ma cousine. Permettez-vous que je voie ce qu'elle m'écrit?

LA BARONNE.

Comment donc?

Mme DE WALTER.

Voici une terrible nouvelle. Jugez-en. (Elle lit haut.
« Ma chère cousine, on vient de m'assurer que le
Margrave était indisposé. »

Mlle DE RUDENS, avec vivacité.

Indisposé! contre qui? Contre nous?

Mme DE WALTER, continuant.

« Son déjeuner lui a donné une assez forte indigestion. On craint que le bal de ce soir n'ait pas
lieu. Mandez-moi, je vous prie, ce que vous en savez. Votre amie et cousine,

« AMÉLIE DE SIEVERS. »

Mme DE RUDENS, avec une colère concentrée.

Et l'on achète pour vingt mille florins de diamans, comme si c'était la première chose à faire.

Mme DE WALTER, du plus grand sang-froid.

Je vais répondre à ma cousine.

Mme DE RUDENS.

Quoi! qu'allez-vous lui répondre?

Mme DE WALTER.

Qu'il faut espérer que ce qui est différé n'est pas
perdu.

(Elle sort.)

MME DE RUDENS.

Je suis confondue. Je ne reconnais plus du tout
ma fille. Vous n'avez pas d'enfans, vous, Monseigneur?

L'ÉVÊQUE.

Plaît-il?

MME DE RUDENS.

Mais madame de Greenschloff en a eu, et elle
peut se figurer ce que je dois souffrir. C'est donc là
le prix d'une tendresse si active! Infortunés parens,
qui n'avez d'ambition que pour vos enfans, voilà
votre récompense!

LA BARONNE.

N'exagérons rien, madame de Rudens, ce n'est
pas que pour ses enfans qu'on a de l'ambition.

MME DE RUDENS.

Me reprocher son mariage!

L'ÉVÊQUE.

N'allez pas faire de la maternité à contre-temps;
vous perdriez tout. On ne meurt pas d'une indigestion. Le Margrave a cette affaire fort à cœur, soyez-
en persuadée. Une mère d'ailleurs ne doit-elle pas
avoir de l'indulgence pour sa fille? Je vais rôder de
ce côté-là, et je saurai vous faire tenir des nouvelles sûres. Mais du calme, je vous en prie; du
calme.

Mme DE RUDENS.

Quoi qu'il m'en coûte, je prendrai sur moi, Monseigneur.

L'ÉVÊQUE.

Allez trouver votre fille; comme la plus raisonnable, c'est à vous à faire la première démarche.

Mme DE RUDENS.

J'y vais donc; mais n'oubliez pas les nouvelles que vous m'avez promises.

L'ÉVÊQUE.

Non, non.

(Madame de Rudens sort.)

LA BARONNE.

Savez-vous que cette indigestion pourrait bien relever les actions de ma belle-fille?

L'ÉVÊQUE.

Je ne dis pas non. Pour la Margrave, il est certain que l'âge et le caractère de madame de Rosemberg conviennent beaucoup mieux.

LA BARONNE.

Là, n'est-il pas vrai?

L'ÉVÊQUE.

Il n'y a pas l'ombre d'un doute.

(Ils sortent ensemble.)

SCÈNE IV.

(Chez madame de Rosemberg.)

LOUISE, BIBER.

LOUISE.

Je suis désolée que madame de Walter se soit trouvée là pour vous arrêter tout de suite.

BIBER.

Je n'ai fait que ce que tu m'as dit.

LOUISE.

Tu m'as dit !

BIBER, se reprenant.

Que ce que vous m'avez dit.

LOUISE.

Il est sûr que moi j'ai eu du bonheur. Quand Abraham est venu me parler de la part de madame de Rudens, je savais déjà par le président Buttler...

BIBER.

Comment connaissez-vous le président Buttler?

LOUISE.

Je ne puis pas souffrir qu'un homme me demande

comment j'en connais un autre. N'est-ce pas lui qui
m'a fait entrer ici?

BIBER.

Allons, continuez.

LOUISE.

Je ne sais plus où j'en étais. Le président Buttler
est donc venu voir madame; j'étais curieuse de savoir ce qu'il lui dirait, et d'apprendre s'il était bien
vrai que le Margrave fût malade; pour cela, je m'é-
tais collée contre la porte; mais on entend mal à
travers une porte. Ma foi! c'était si important que
quand le président est sorti, je n'ai pas été par
quatre chemins, je le lui ai demandé à lui-même;
il n'a pas pu s'empêcher de sourire.

BIBER.

Ah! il vous sourit.

LOUISE.

Est-il ennuyeux ce garçon-là; il ne vous laisse
rien achever.

BIBER.

Quel crime y a-t-il à dire : « Ah! il vous sourit? »

LOUISE.

Quand Abraham est venu ensuite, j'étais sur le
velours; j'ai pu faire la dévouée tout à mon aise,
assurer que je voulais mourir au service d'une maîtresse pleine de bontés pour moi. Qu'est-ce que je

2.   11

risquais? de faire monter l'enchère d'un côté, ou de pouvoir me vanter à madame de ma fidélité et de mon attachement si je trouvais plus avantageux de rester à son service.

BIBER.

Ça fait trembler comme vous êtes fine.

LOUISE.

Pas autrement que les maîtres. Est-ce que le président n'avait pas été remettre une carte chez madame de Walter avant de venir ici? Le grand-maréchal, qui est censé être tout à madame, n'en donne pas moins ce soir un bal où sa disgrace doit s'achever? Enfin madame de Greenschloff, madame de Greenschloff elle-même, notre belle-mère, n'a-t-elle pas passé toute la matinée chez madame de Rudens? Je ne parle pas de l'évêque, parce que ces messieurs-là il est défendu de les juger. Allez, allez, mon cher Biber, eux et nous c'est la même chose.

BIBER.

Qui donc vous a dit que le président, que madame de Greenschloff, que l'évêque..... ?

LOUISE.

C'est le cocher de madame de Rudens, puisque vous faites toujours des questions.

BIBER.

En voilà encore un.

LOUISE.

Il y en aura cent si vous ne vous taisez pas. Ne lui sied-il pas bien de faire le jaloux quand ma première pensée a été de le placer dans une maison où je sais que je pourrai le suivre aussitôt que je voudrai? Doutez-vous que si madame de Walter vous eût refusé, j'eusse jamais songé à entrer chez elle? — Non. Eh bien! alors, que voulez-vous?

BIBER.

Vous êtes fâchée, à présent, qu'on m'ait accepté.

LOUISE.

Oui; parce que ce n'est plus cela. Cette maladie du margrave m'a fait faire d'autres réflexions. L'évêque qui, dit-on, lui a parlé maîtresse ce matin, va sans doute lui parler religion ce soir; et religion ça ne peut plus être madame de Walter.

BIBER.

Voyons donc, voyons donc, est-ce qu'il faut absolument que madame de Walter soit la bonne amie du Margrave pour être dame d'honneur de la Margrave?

LOUISE.

Je ne sais pas trop comment ils font cadrer cela ensemble; mais il me paraît que ça se tient.

BIBER.

Ça ne se tenait pas pour madame.

LOUISE.

Quand madame a eu sa place, le Margrave venait de se marier, il ne pouvait pas faire cette condition-là.

BIBER.

D'autant que je crois bien que madame......

LOUISE, lui donnant un petit soufflet.

Vous êtes un innocent, mon cher Biber.

BIBER.

N'entends-tu pas madame qui sonne?

LOUISE.

Eh, mon Dieu oui. J'y vas.

(Elle sort en riant.)

BIBER.

Elle a l'air de croire que madame... Dans le fait, ce n'est pas impossible. Madame qui aime tant à faire des affaires, ç'aurait été une belle affaire pour elle, et qui ne l'aurait pas empêchée de faire d'autres affaires; au contraire.

LOUISE, tenant une lettre.

Quand je vous disais tantôt que notre disgrace ne nous empêcherait pas de contenter le maître de poste de Staurbach, celui qui m'a donné ce diamant. Tenez, voilà une lettre pour lui.

BIBER.

Quoi! madame, malgré sa douleur......

LOUISE.

Oui, oui; malgré sa douleur, madame a fort bien trouvé moyen d'arranger cela avec le président. Portez cette lettre à l'auberge des Trois-Rois, faubourg Saint-Luc; c'est une bonne commission que je vous donne.

BIBER.

Si je passais en même temps chez madame de Walter pour me dégager?

LOUISE.

Ne précipitons rien; attendons ce que deviendra la maladie du Margrave.

BIBER.

Comme vous voudrez.

(Il sort.)

LOUISE, seule.

C'est commode d'être une grande dame! oh, c'est très-commode. On est dans le chagrin, dans les regrets, dans les larmes; et puis il vient un président qui vous dit : « Mais il ne faut pas vous affliger ainsi; vous vous tuerez. » « Ah! vous avez raison, je n'y survivrai pas. C'est dans tous les momens, c'est jusque dans la moindre chose que je sens toute l'horreur de ma position. Il y avait là, encore tout à l'heure, un brave homme que j'aime beaucoup, le maître de poste de Staurbach, qui demande la chose du monde la plus simple. Eh bien! je suis obligée de lui répondre que je n'y peux plus rien. » Là-dessus on essuie quelques larmes. Le président, qui entend à demi-mot, demande quelle est cette chose du monde la plus simple; on ne sait pas si le maître de poste n'a pas laissé un papier; on le cherche négligemment; on finit par le trouver, et on remet au président le placet que j'avais donné ce matin. Je riais de tout ce manège, à travers la serrure, et de madame et de ce président qui est bien le plus grand comédien!... « Ne vous inquiétez pas, madame la comtesse, reprend-il; je voudrais que tous vos déplaisirs ne fussent pas plus difficiles à calmer que celui-là. Votre protégé sera satisfait. » Il semblait de part et d'autre que c'était de la bonté d'ame toute pure. Ce sont d'agréables manières, il faut en convenir. Nous ne pourrons jamais les imiter, nous autres; c'est là où est la séparation.

(Rodolphe entre.)

RODOLPHE.

Ah! voici ma petite Louise. Il faut que je t'embrasse.

(Il l'embrasse.)

LOUISE.

De grace, Monsieur, ne me tutoyez pas ici.

RODOLPHE.

Tu es donc toujours la même? Pourvu qu'on ne

te tutoie pas, le reste t'est égal. Ah ça, dis-moi, ma sœur m'a écrit qu'elle était en disgrace; est-ce que cela lui fait autant de peine qu'elle me le dit?

LOUISE.

Mais dame, Monsieur, il faut être juste; c'est un fier rabat-joie.

RODOLPHE.

Nous ne nous ressemblons guère. Elle est riche; elle est veuve; elle pourrait être libre comme l'air, et elle se plaît à tressaillir de peur depuis le commencement de l'année jusqu'à la fin, sans autre compensation que le plaisir d'être esclave.

LOUISE.

C'est bientôt dit.

RODOLPHE.

Ah! que je me sais bon gré d'avoir changé de pays. Si je fusse resté ici, elle aurait peut-être fini par me faire partager toutes ses angoisses.

LOUISE.

C'est possible; mais aussi au lieu de n'être que capitaine chez votre prince...

RODOLPHE.

Elle m'aurait protégé, n'est-ce pas? Un soldat doit se protéger lui-même; et tous ces officiers faits par des femmes ou par des prêtres, c'est bien peu de chose, selon moi.

LOUISE.

Il n'en aurait été que ce que vous auriez voulu ; vous seriez du moins resté dans votre air natal.

RODOLPHE.

Les États de mon prince sont si près de ceux-ci, que je ne crois pas que l'air ait beaucoup le temps de se renouveler en passant de l'un dans l'autre. Mais parlons un peu de toi. Qui est-ce qui te recherche en mariage, dans ce moment?

LOUISE.

Je ne vous comprends pas.

RODOLPHE.

Oui. N'est-ce pas comme cela que tu dis?

LOUISE.

Monsieur Rodolphe, vous ne vous apercevez pas que vous me tutoyez encore.

RODOLPHE.

Pardon, pardon. Es-tu toujours bien avec ma sœur ?

LOUISE.

Pas trop, monsieur Rodolphe, surtout depuis sa disgrace.

RODOLPHE.

Je te défends de me parler disgrace. Parbleu ! je vais en être assez rebattu.

LOUISE.

Madame devient près regardante, près regardante....

RODOLPHE.

Pauvre enfant !

LOUISE.

Si madame n'était pas madame votre sœur...

RODOLPHE, l'embrassant.

Il faut que je t'embrasse pour ce bon senti-
ment-là.

LOUISE.

Je crois que vous perdez la tête.

RODOLPHE.

Eh bien ! si madame n'était pas madame ma sœur ;
tu la quitterais donc ?

LOUISE.

Ma fine ! monsieur Rodolphe, je crois que oui.
Toujours des hauts et des bas, des douceurs et des
rebuffades, c'est fatigant. On aimerait mieux tout
un ou tout autre : on se déciderait, du moins.

RODOLPHE.

C'est comme à la cour, ma petite Louise ; ma
sœur en est là aussi avec sa princesse. Dis-moi donc
le nom de ton amoureux.

LOUISE.

Vous êtes drôles, vous autres Messieurs, vous croyez qu'on ne peut pas vivre sans amoureux.

RODOLPHE.

Biber est-il toujours ici?

LOUISE.

Biber le chasseur?

RODOLPHE.

Il n'y en a pas trente-six dans cette maison.

LOUISE.

Madame voulait le renvoyer ce matin.

RODOLPHE.

C'est tout simple; ma sœur doit être tentée de renvoyer quelqu'un; mais tu aimerais mieux que ce fût un autre que Biber, toi.

(La comtesse entre.)

LA COMTESSE, à Louise.

Mon frère est ici, Mademoiselle, et vous ne venez pas m'avertir.

RODOLPHE.

C'est moi qui la retenais, ma sœur.

LOUISE.

Sans cela, Madame....

LA COMTESSE.

C'est bon. (Louise sort.) J'ai eu bien de la peine à vous faire venir, Rodolphe.

RODOLPHE.

Mon service m'a retenu toute la semaine.

LA COMTESSE.

Ne peut-on pas se faire remplacer? Vous n'ignoriez pas combien j'avais besoin de consolations.

RODOLPHE.

Il y a des chagrins que je conçois si peu! A votre place, je serais enchanté de ce qui vous arrive.

LA COMTESSE.

Vous ne pouvez pas savoir l'attachement que j'avais pour la princesse.

RODOLPHE.

Ni vous non plus, ma sœur : ne cherchez pas à me faire croire que ce soit la passion qui vous subjugue. Que vous soyez de la cour, passe; dans nos petites principautés, tout le monde en est; mais pourquoi vouloir en être plus que tout le monde?

LA COMTESSE.

On ne peut pas lutter avec vous; vous avez puisé dans votre université d'Iéna des principes si étranges! Une cour vous paraît une monstruosité.

RODOLPHE.

Où avez-vous vu cela? Ne suis-je pas moi-même dans une cour? Ne suis-je pas attaché à un souverain?

Quel souverain !

RODOLPHE.

Ah! par exemple, ma sœur, je ne souffrirai pas qu'on attaque celui-là; il est tout-à-fait selon mon cœur. Son palais n'est pas, il est vrai, le refuge de toutes les inutilités de ses États ; on n'y tient pas école de fourberie et de mendicité; nous n'avons pas été en Asie puiser cet amour du maître que vous étalez chez vous ; mon prince ne veut pas être dupe ; mais quand on a un vrai mérite, on est toujours sûr d'être bien accueilli par lui.

LA COMTESSE.

Un prince doit d'abord commander le respect, mon frère.

RODOLPHE.

Tout peut se commander, ma sœur, ce n'est pas là la difficulté.

LA COMTESSE.

Je cherche de quels honneurs on vous a comblé pour vous avoir rendu aussi fanatique.

RODOLPHE.

Mon prince n'a jamais eu la prétention de faire des fanatiques; il a trop d'esprit pour espérer qu'on l'aime en dépit du bon sens.

LA COMTESSE.

Cela doit faire une cour bien gaie.

RODOLPHE.

Pour vous , elle serait à mourir de rire. Nos jours de réceptions, par exemple, sont de vrais jours de comédie. De toute son éducation d'étiquette, notre bon souverain n'a retenu que la nécessité, en pareille circonstance, de parler au plus grand nombre de personnes qu'il est possible. Mais comme rien de ce qui est futile ne peut captiver long-temps son attention, il saboule le petit protocole de phrases qu'il a à distribuer, de façon, très-souvent, qu'aucune ne tombe juste. Il ne sait pas ce qu'il dit; on lui répond ce qu'on veut; et quand on ne peut pas s'empêcher de sourire, il se met aussi à rire de fort bonne grace, ce qui donne un air de fête à ces revues périodiques , si insipides partout ailleurs.

LA COMTESSE.

Vous vous contentez de peu chez vous, à ce qu'il paraît. Si votre princesse , de son côté, n'y fait pas plus de façons....

RODOLPHE.

Elle en fait bien moins encore; elle a prié toutes ses dames de la laisser tranquille.

LA COMTESSE.

Juste ciel! Et ses dames s'arrangent de cela?

RODOLPHE.

Il le faut bien. D'ailleurs celles qui ne peuvent pas y tenir ont un moyen tout simple pour se procurer l'honneur de voir leur maîtresse; c'est de lui apporter quelques vêtemens, quelques trousseaux à l'usage des pauvres.

LA COMTESSE.

Une princesse qui reçoit des présens de ses dames!

RODOLPHE.

Il faut tout dire, elle en reçoit très-peu. Comme on sait que cela n'avance à rien, qu'elle est tout-à-fait étrangère à la distribution des pensions et des faveurs, on est très-raisonnable avec elle.

LA COMTESSE.

Ah! que ma princesse l'entend bien mieux!

RODOLPHE.

Il est sûr qu'elle se donne plus de mouvement que la mienne.

LA COMTESSE.

C'est une grace et une majesté qui lui assurent tous les cœurs.

RODOLPHE.

Si l'on ôtait de cette majesté la peur qu'elle fait aux uns, l'argent qu'elle donne aux autres, il reste-

rait bien peu de ces sentimens d'amour et de respect qu'on prétend qu'elle impose.

LA COMTESSE.

Rodolphe, je ne puis vous passer une pareille sé-
cheresse de cœur.

RODOLPHE.

J'adore mon souverain, non pas comme une pa-
gode, mais comme un prince excellent.

LA COMTESSE.

Et vous croyez que pour moi c'est une consola-
tion?

RODOLPHE.

Non; c'est une comparaison. Si je pouvais vous
décider à venir chez nous, vous seriez radicalement
guérie. Venez, venez chez nous.

LA COMTESSE, ne pouvant s'empêcher de rire.

Chez nous! une cour!

LOUISE, annonçant.

Mademoiselle Sophie de Brisnaw.

(Elle sort.)
LA COMTESSE.

J'avais bien besoin de la visite de cette étour-
die-là.

SOPHIE arrive en sautillant.

Bonjour, ma cousine; bonjour, mon cousin Rodolphe. Ma cousine, je suis chargée pour vous des complimens de toutes nos dames, madame de Rhisbourg , madame d'Ereleich , de toute la cour enfin.

LA COMTESSE.

Des complimens à propos de quoi?

SOPHIE, avec légèreté.

Des complimens de condoléance. (La comtesse fait un mouvement d'humeur : Sophie ne s'en aperçoit pas.) Moi , je puis venir chez vous , je suis de votre famille ; pour les autres, cela se remarquerait. Je voulais vous prier de me rendre un service ; ce serait de me prêter , pour ce soir, une de vos parures de pierreries.

RODOLPHE.

Eh! mon Dieu, ma belle petite cousine, est-ce que ce serait pour une entrevue? Y aurait-il quelque mariage sur le tapis?

SOPHIE.

Oh! bien , oui; je ne suis pas si pressée. A présent que me voilà de la cour, je commence à calculer; je ne veux me marier qu'à bonnes enseignes. C'est pour le bal de ce soir.

LA COMTESSE.

Mais le Margrave est malade.

SOPHIE.

Il va mieux. C'était son déjeuner. On dit que le

grand-maréchal se met en frais; ce sera superbe.
Madame de Walter croit qu'il n'y aura qu'elle qui
aura du rouge; nous en aurons toutes. On sait, de
ce matin, que c'est le goût du Margrave.

LA COMTESSE, sèchement.

Et vous avez compté sur mes pierreries pour ce
bal?

SOPHIE.

Mais oui. Comme vous n'irez pas, vous, ma cousine... (La comtesse fait encore un mouvement.) Mon cousin,
voyez donc, votre sœur a l'air d'avoir de l'humeur.

RODOLPHE.

Pas le moins du monde; mais c'est que vous ne
savez pas que ces pierreries sont disgraciées aussi.

SOPHIE.

Moi, je n'y mets pas de finesse. Si l'on ne savait
pas que madame de Rosemberg est une personne à
part; qu'elle n'aspirait qu'à recouvrer sa liberté,
je n'aurais pas parlé aussi franchement. A la cour,
il n'y a qu'une voix sur son compte; on est émer-
veillé de son courage et de sa résignation; la princesse même n'a pas pu s'en taire.

LA COMTESSE, avec empressement.

Qu'est-ce donc qu'a dit la princesse?

12.

SOPHIE.

Vous savez comme elle peint d'un mot.

LA COMTESSE.

Elle a ce talent-là au suprême degré.

SOPHIE.

Ce matin on parlait de vous.

LA COMTESSE, avec la plus vive impatience.

La princesse a donc dit...

SOPHIE.

Attendez que je me rappelle bien ses paroles. Voici : « Rien ne m'étonne de la part de madame de Rosemberg ; j'ai toujours remarqué qu'elle avait plus de fermeté dans le caractère que de sensibilité dans le cœur. » (La comtesse paraît prête à se trouver mal.) Il y avait là plusieurs personnes qui aiment beaucoup ma cousine, et qui ont trouvé que c'était un bel éloge. Ah! c'est que la fermeté, c'est si rare.

LA COMTESSE, bas à son frère.

Au nom du ciel! Rodolphe, faites qu'elle s'en aille; elle me tue.

RODOLPHE, attirant Sophie à un coin du théâtre.

Ma cousine Sophie, vous n'avez pas remarqué une chose?

SOPHIE.

Non. Qu'est-ce que c'est? Je remarque très-peu en général.

RODOLPHE.

Ma sœur est excessivement modeste, et vous venez de la blesser en faisant son éloge devant elle.

SOPHIE.

Elle voulait savoir ce qu'avait dit la princesse.

RODOLPHE.

Elle espérait peut-être que ce serait quelque dureté, et au contraire. Laissez-la se remettre, et si je réussis à obtenir une de ses parures, j'irai vous la porter moi-même.

SOPHIE.

Il n'y a pas de femme comme ma cousine, il faut en convenir.

(Elle sort.)

LA COMTESSE.

J'aimerais mieux avoir affaire à une ennemie déclarée qu'à une sotte pareille. Que lui avez-vous donc dit pour m'en débarrasser si vite?

RODOLPHE.

Que vous trouviez trop flatteur le jugement de la princesse sur vous, et que votre modestie s'en était alarmée.

LA COMTESSE.

Y pensez-vous? Elle va reporter cela partout.

RODOLPHE.

Eh bien! tant mieux.

LA COMTESSE.

C'est m'ôter tout espoir.

RODOLPHE.

J'ai été au plus pressé. Vous vouliez qu'elle s'en allât, elle s'est en allée.

LA COMTESSE.

Mais concevez-vous cette princesse qui m'accuse d'insensibilité? Elle qui n'a jamais aimé personne, que pensait-elle donc? Que je devais mourir de chagrin d'avoir perdu ses bonnes graces.

RODOLPHE.

C'est possible.

LA COMTESSE, d'une voix très-émue.

Soyez tranquille, mon frère; je saurai prendre mon parti. Je voyagerai.

RODOLPHE.

C'est très-bien vu.

LA COMTESSE.

Je me soustrairai par là à mille tracasseries.

RODOLPHE.

A des désagrémens sans nombre.

LA COMTESSE.

A mon retour, si je vais chez Son Altesse, ce ne sera qu'en visite.

RODOLPHE.

C'est suffisant.

LA COMTESSE.

Un caprice m'a ôté sa faveur, un caprice, qui sait?...

RODOLPHE.

Pourrait vous la rendre? Ne le désirez pas.

LA COMTESSE.

Ah! si cela m'arrivait... Mais d'où vient donc que mes jambes tremblent ainsi? Je ne puis pas me soutenir.

(Elle s'assied.)

RODOLPHE, effrayé.

Ma sœur, vous trouveriez-vous mal?

LA COMTESSE.

Non, non; c'est de l'indignation. Vous serez content, mon cher Rodolphe; je serai votre sœur enfin. Il est temps de reprendre ma position. Je suis la comtesse de Rosemberg, veuve d'un brave général; je resterai la comtesse de Rosemberg, veuve d'un brave général. On n'est pas obligé d'être la favorite d'une princesse. Je prouverai du moins à celle-ci qu'elle ne m'a pas mal jugée en disant que j'avais plus de fermeté encore que de sensibilité.

(Elle se renverse sur son siège en mettant la main devant ses yeux.)

LOUISE, annonçant.

Madame la comtesse de Furtzbourg.

(Elle sort.)

LA COMTESSE, se relevant tout à coup.

La comtesse de Furtzbourg! Elle m'a écrit, ce matin, une lettre pleine d'espérance. Ah! mon cher Rodolphe, ce sont assurément de bonnes nouvelles qu'elle m'apporte.

RODOLPHE.

Je puis donc vous laisser avec elle?

LA COMTESSE.

Oui, oui. Je ne veux pas vous ennuyer davantage de toutes mes faiblesses. Courez la ville; faites vos visites; quand nous nous reverrons, il est probable que je ne serai plus aussi maussade.

RODOLPHE.

Je vais passer par le jardin.

(Il sort d'un côté du théâtre, tandis que madame de Furtzbourg
entre par l'autre.)

LA COMTESSE, allant au-devant de madame de Furtzbourg.

Enfin vous voilà!

Mme DE FURTZBOURG.

Vous m'attendiez donc avec une grande impatience?

LA COMTESSE.

Pouvez-vous en douter, d'après la lettre que vous
m'aviez écrite?

Mme DE FURTZBOURG.

Je croyais vous trouver dans un calme parfait. Je
vous avais toujours dit qu'il fallait laisser passer le
premier moment. Malgré tout son fracas de dignité
blessée, où la Margrave trouverait-elle jamais une
personne qui lui convînt comme vous?

LA COMTESSE.

On parlait de madame de Walter.

Mme DE FURTZBOURG.

C'est moi qui ai mis tout cela en train.

LA COMTESSE.

Eh quoi!

Mme DE FURTZBOURG.

Sans doute. Toute la cour était persuadée que ce
serait madame de Walter qui vous remplacerait,
que la Margrave n'en savait pas encore le premier
mot. J'avais choisi madame de Walter positivement
parce que c'était le choix le plus antipathique à la
Margrave, et que sa dignité s'en trouverait d'autant
lus offensée. Cette dignité est bonne à tout.

LA COMTESSE.

Mais madame de Rudens qui a de l'esprit...

Mme DE FURTZBOURG.

Il faudrait d'abord savoir ce que c'est que cet esprit-là. Quand une chose nous séduit, on devient si crédule! Chaque personne que je lui envoyais, ne lui portait que des félicitations; jusqu'à votre bon évêque qui est venu me demander en confidence, ce matin, en sortant de chez vous, s'il ne ferait pas bien d'aller aussi lui rappeler qu'il était un peu de sa famille. « Allez-y, mon cher évêque; ne perdez pas un instant.» Vous jugez de sa diligence. L'évêque y allant, toute la cohue a suivi. Le bal demandé au grand-maréchal a mis le feu aux étoupes; et la Margrave, frappée de l'isolement où elle se trouvait, m'a fait demander.

LA COMTESSE.

Vous!

Mme DE FURTZBOURG.

Quel air effrayé! N'allez-vous pas croire que c'était pour m'accabler de vos dépouilles? Rassurez-vous. Je ne suis pas assez complaisante pour un tel emploi; des froideurs, des bouderies me feraient rire; l'honneur de marcher la première derrière une princesse ne me paraît pas valoir le plaisir d'aller seule partout où je veux; je n'aime pas les questions; je n'endurerais pas de reproches; des airs de hauteur seraient pour me faire fuir à cent lieues. Vous voyez que je ne suis pas à craindre.

LA COMTESSE.

Enfin que s'est-il passé entre la Margrave et vous ?

Mme DE FURTZBOURG.

Elle a commencé par battre un peu la campagne.

LA COMTESSE.

Et par vous dire beaucoup de mal de moi.

Mme DE FURTZBOURG.

Non. Il paraît que c'était fini ; elle était même assez tendre. « Qu'est-ce qu'on me fait faire? m'a-t-elle demandé : j'aime beaucoup madame de Rosemberg. »

LA COMTESSE, avec la plus vive émotion.

En vérité! .

Mme DE FURTZBOURG.

Si vous n'êtes pas plus philosophe que cela, je ne continuerai pas.

LA COMTESSE.

Continuez, continuez, excellente amie. « J'aime beaucoup madame de Rosemberg. » Vous en étiez là.

Mme DE FURTZBOURG.

« Il est sûr qu'elle a eu des torts envers moi. » C'est toujours la princesse qui parle. « Mais on s'est plu à les exagérer. » C'était là que je l'attendais pour lui faire un commencement d'histoire que j'avais préparée à l'avance. Je suis si persuadée que le commérage a pris naissance dans une cour, que je ne crois pas m'écarter de l'étiquette en m'en servant toutes les fois qu'il m'est nécessaire.

LA COMTESSE.

Qu'elle est franche!

Mme DE FURTZBOURG.

« Madame, ai-je répondu, les torts de madame de Rosemberg ne sont que le résultat d'une intrigue pour vous donner madame de Walter; sans cela, pourquoi aurait-on pressé avec tant d'instance le départ du courrier qui devait porter votre lettre? On savait que madame de Rosemberg s'arrêterait quelques heures chez madame Schwarz, et on comptait qu'il arriverait à votre courrier ce qui lui est arrivé, c'est-à-dire qu'il reviendrait sans réponse. »

LA COMTESSE.

Personne ne pouvait savoir que je m'arrêterais chez madame Schwarz; je ne le savais pas moi-même.

Mme DE FURTZBOURG.

Qu'est-ce que cela fait? Il fallait bien lui faire un mensonge, puisqu'elle n'avait pas voulu croire la vérité.

LA COMTESSE.

Pardon, pardon.

Mlle DE FURTZBOURG.

L'essentiel pour moi était d'arriver à madame de Walter, que j'ai peinte des couleurs les plus séduisantes.

LA COMTESSE.

Très-bien ! Je comprends.

Mlle DE FURTZBOURG.

Sans nommer positivement le Margrave, j'ai fait entendre que les Rudens comptaient sur une puissante protection.

LA COMTESSE.

Est-ce que réellement il penserait à madame de Walter.

Mlle DE FURTZBOURG.

Pauvre prince ! il avait bien déjeuné. Vous savez que sa marotte c'est Louis XIV de France. L'évêque était là qui ne tarissait pas sur les perfections de madame de Walter. Louis XIV a eu des maitresses en titre. C'est ce qui est le plus facile à imiter. Quelques contradictions de ce bon apôtre de président, qui ne voulait pas perdre son droit de contrôle, sont venues se jeter à la traverse ; le Margrave s'est piqué au jeu ; il a demandé ce bal au grand-maréchal ; vous savez le reste.

LA COMTESSE.

La Margrave s'est alarmée ; elle a craint que cela ne devint sérieux.

Mme DE FURTZBOURG.

On vous aurait déjà écrit pour vous rappeler si je n'avais demandé la permission de vous voir auparavant, afin d'être bien sûre que, dans l'état de souffrance où je vous ai représentée, cette nouvelle ne vous donnerait pas une trop violente émotion. On se lamente d'avoir été si cruelle envers vous; vous êtes une victime des plus odieuses machinations; on vous doit une justice éclatante; on vous la rendra. Vous serez obligée de tempérer vous-même le triomphe qu'on vous prépare. (Elle lit aux larmes.) Ah! mon Dieu, mon Dieu, qu'est-ce que c'est que des princes?

LA COMTESSE.

Pour comble de bonheur, c'est à vous que je devrai un aussi grand bienfait, à vous qui, si vous l'eussiez voulu, pouviez me supplanter si facile-
ment.

Mme DE FURTZBOURG.

Je vous répète que je n'y ai aucun mérite. Grace à la tournure de mon esprit, je traite d'égale à égale avec votre princesse; j'aime assez cela. Aussi ne voudrais-je pas lui demander la moindre faveur, de peur de rompre cet équilibre; mais à vous je vous dirai ce que je veux; c'est comme cela que je m'arrange. Les princes ont toujours la peur et le besoin

d'être menés ; je ne me soucie pas de m'en charger ; tout ce que je cherche, c'est d'avoir de l'influence sur ceux qui les mènent. De cette façon, j'ai les bénéfices sans les charges. Le président m'a déjà fait payer cent mille florins de dettes ; cette fois-ci, ce sera votre tour.

LA COMTESSE.

Vous ne doutez pas du plaisir.....

Mlle DE FURTZBOURG.

Je ne doute de rien. L'essentiel à présent, c'est que vous mettiez du rouge pour cette première entrevue. Le rouge, au moment où je vous parle, est la grande affaire de la cour. Cependant, toutes réflexions faites, n'en mettez pas encore ; vous serez plus intéressante. Adieu. La lettre de la Margrave ne se fera pas attendre. Tenez-vous prête, et n'oubliez pas que vous étiez aux portes du tombeau.

LA COMTESSE.

C'est un peu vrai.

Mme DE FURTZBOURG.

Eh bien ! vous n'en serez que mieux dans votre rôle.

(Elle sort : la comtesse la reconduit avec tous les signes de la plus vive reconnaissance.)

LA COMTESSE, après quelques momens de réflexion.

Ceci ne cache-t-il aucun piège ? Oh ! non. Madame

13.

de Furtzbourg a une conduite assez légère ; elle s’en sauve par beaucoup d’esprit ; mais elle ne tiendrait pas un mois à la cour ; elle le sent bien. La cour est un pays si perfide ! on n’y est entouré que d’envieux ; aussi, ma résolution est bien prise ; si j’y rentre, je ne veux plus m’en éloigner un seul instant. (Elle sonne; Louise paraît.) Venez m’habiller.

(Elle entre dans son appartement.)

LOUISE, seule.

Nous revoilà sur pied. (Elle regarde sa bague.) Ce diamant ne sera pas le dernier présent que j’aurai reçu ici. C’est une habile femme que madame de Furtzbourg. Pas une distraction, pas une émotion. Elle n’a eu garde de parler de la haine qu’elle a contre madame de Walter, qui lui a enlevé le mari qu’elle destinait à sa nièce, ni des vues qu’elle a à présent sur monsieur Rodolphe. Elle est comme toutes les personnes franches, elle ne dit que la moitié de ce qu’elle pourrait dire ; c’est déjà beaucoup.

(Elle sort.)

SCÈNE V.

(Cabinet de la Margrave.)

LA MARGRAVE, Mme. DE TELLFINGEN, DAME
D'ATOUR, TROIS AUTRES DAMES, UN PAGE.

LA MARGRAVE, au page, en lui remettant une lettre.

Pour madame de Rosemberg. Faites diligence.

(Le page sort.)

LA DAME D'ATOUR.

Princesse, Franz, le marchand de modes, attend
les ordres de Votre Altesse.

LA MARGRAVE.

On peut le faire entrer. (Une des dames va avertir Franz.)
Madame de Tellfingen, approchez cette toilette.
(Franz, un carton à la main, s'arrête à la porte.) Madame de Tellfingen, dites-lui d'avancer. (Franz s'avance, pose son carton
sur une console et en retire une coiffure garnie de plumes, qu'il remet à
la dame d'atour.) N'est-ce pas bien volumineux? (Franz va
pour répondre; la Margrave scandalisée le regarde; il se tait.) Qu'en
pensez-vous, madame de Tellfingen?

LA DAME D'ATOUR.

On en jugera mieux sur la tête de Votre Altesse.

(La dame d'atour pose la coiffure sur les cheveux de la Margrave.)

LA MARGRAVE.

Ces plumes ne me paraissent pas d'un beau blanc, non plus.

FRANZ.

Je puis assurer à Votre Al....

LA MARGRAVE, à la dame d'atour.

Dites-lui donc que je ne lui parle pas. (Elle se regarde quelque temps dans une glace.) Madame de Tellfingen, demandez-lui si cela a été fait en France, ou si ce n'est qu'une imitation.

FRANZ, à la dame d'atour.

C'est tout ce qu'il y a de plus nouveau à Paris.

LA MARGRAVE, à la dame d'atour.

Madame de Tellfingèn, ce n'est pas cela que vous lui avez demandé. Est-ce envoyé de Paris, ou est-ce fait d'après un modèle envoyé de Paris?

FRANZ, à la dame d'atour.

C'est envoyé de Paris, Madame.

LA MARGRAVE.

Madame de Tellfingen, demandez-lui à présent s'il a vendu des coiffures pareilles à quelques dames de la cour.

FRANZ, à la dame d'atour.

Je n'avais que celle-ci, et madame de Walter... .

LA MARGRAVE, vivement.

Madame de Tellfingen, que dit-il de madame de Walter?

FRANZ est au moment de répondre à la Margrave; mais il se retourne brusquement du côté de la dame d'atour.

Madame de Walter l'avait fait demander; mais on lui a répondu que je ne pouvais pas en disposer avant d'en avoir fait hommage à Son Altesse.

LA MARGRAVE.

Madame de Tellfingen, faites-lui observer qu'hommage n'est pas convenable, et que je lui permets de parler plus simplement. Qu'est-ce que c'est que ce ruban-là?

FRANZ, toujours à la dame d'atour.

C'est un ruban qui doit passer sous le menton; mais que l'on peut ôter ou mettre à volonté.

LA MARGRAVE.

Madame de Tellfingen, je ne veux pas me décoiffer, ainsi demandez-lui comment il faut s'y prendre pour le détacher.

LA DAME D'ATOUR, détachant le ruban.

Le voici, Madame.

LA MARGRAVE.

C'est bien. Qu'il s'en aille. (Franz sort.) Vous savez, Mesdames, que je vais à ce bal; je n'ai pas voulu refuser le Margrave. On m'y suivra; mais j'avertis que je le quitterai de bonne heure, et que celles qui ne sont pas de service me désobligeraient si elles y restaient après moi. Vous aurez soin de les en avertir. (A la dame d'atour.) Voyons donc ce rouge, puisqu'il paraît qu'aujourd'hui hors le rouge il n'y a point de salut. Il y a plus de quatre ans que je n'en ai mis.

LA DAME D'ATOUR, lui présentant un pot de rouge.

Voici celui que Votre Altesse a choisi tantôt.

LA MARGRAVE.

Et le coton.

LA PREMIÈRE DAME.

J'ai l'honneur de le présenter à Votre Altesse.

LA MARGRAVE, à la dame d'atour.

Madame de Tellfingen, en l'absence de la dame d'honneur, ne deviez-vous pas présenter le coton aussi?

LA PREMIÈRE DAME, balbutiant.

Princesse, j'ai cru...

LA MARGRAVE.

Présentez-le pour cette fois, Madame, puisque

aussi-bien vous le tenez ; mais que ce soit sans tirer
à conséquence. (*Se retournant vers les autres dames.*) Vous
entendez, Mesdames, que c'est sans tirer à conséquence. (*Elle se met du rouge.*) La sotte invention!... Je
n'en mettrai pas plus que cela... C'est si ridicule.
Est-ce assez, madame de Tellfingen? Un peu p'us
ici, n'est-il pas vrai? J'en ai perdu tout-à-fait l'habitude. C'est singulier; il ne dit rien du tout ce
rouge-là. Je croyais avoir pris la nuance la plus
foncée. Celui que j'avais il y a quatre ans donnait
bien plus d'éclat aux yeux.

(*Un chambellan paraît, parle à la dame d'atour et sort.*)

LA DAME D'ATOUR, à la Margrave.

Madame la comtesse de Furzbourg qui a une au-
dience de Votre Altesse.

LA MARGRAVE.

Oui, oui.

(*Aussitôt que madame de Furtzbourg entre, toutes les dames se
retirent dans le fond du théâtre, et finissent petit à petit par en
sortir tout-à-fait.*)

Mme DE FURTZBOURG, comme frappée d'admiration.

Si le respect ne me retenait, je sais bien ce que
je dirais à Votre Altesse.

LA MARGRAVE.

Dites, dites.

MME DE FURTZBOURG.

Qu'elle est d'une beauté éblouissante.

LA MARGRAVE.

A quoi cela me sert-il? Ah! madame de Furtzbourg! Et ma pauvre Rosemberg, comment l'avez-
vous trouvée? Bien souffrante, j'en suis sûre.

MME DE FURTZBOURG.

Les paroles que je lui ai portées de la part de
Votre Altesse lui ont rendu la vie. Je n'exagère pas.

LA MARGRAVE.

Je le crois bien. Mon impatience était si grande
que je n'ai pu attendre votre retour; je lui ai écrit.
Étiez-vous chez elle lorsqu'elle a reçu ma lettre?

MME DE FURTZBOURG.

Non, princesse.

LA MARGRAVE.

Je lui mande que je veux qu'elle vienne à ce bal,
qu'elle y arrive après moi, conduite par le grand-
maréchal à qui je donnerai l'ordre de l'aller chercher. Cela nous ôtera l'émotion d'un rapprochement
et me vengera de ce noble complaisant de son
maître. Pour monsieur de Neubrunn, jamais il ne
sera le gouverneur de mon fils; c'est sur quoi il peut
bien compter. La Rudens et la Greenschloff rece-
vront l'ordre de ne plus paraître devant moi. Quant

à la belle Walter.... belle!.... Croyez-vous sérieusement, madame de Furtzbourg, que le Margrave...
Non, non; cela est impossible. Elles se seront com-
promises comme des folles. Ce collier qu'elles pré-
tendaient avoir reçu, et qu'elles ont acheté quarante
mille florins.

MME DE FURTZBOURG.

On m'avait dit soixante mille.

LA MARGRAVE.

Soixante mille! Comme tout se sait cependant. Un
bon exil doit me venger de cette impertinente. N'est-
ce pas votre avis?

MME DE FURTZBOURG.

Je crois, princesse, que madame de Rosemberg,
qui tient tant à votre gloire, vous demandera comme
une grace de laisser tomber dans l'oubli toutes ces
misères.

LA MARGRAVE.

Misères, madame de Furtzbourg! Vous appelez
misères un complot pour rendre le Margrave ridicule, et la hardiesse de me supposer, moi, assez
faible pour laisser usurper mes droits. Ah! si les
reines de France qui ont été délaissées pour des
créatures comme la Walter avaient eu mon éner-
gie!..... .

MME DE FURTZBOURG.

Votre Altesse craindra de flétrir l'avenir d'une femme aussi jeune.

LA MARGRAVE.

Que m'importe?

MME DE FURTZBOURG.

En poussant les choses à cette extrémité contre elle, ne pourrait-on pas appréhender de donner au Margrave un prétexte pour la défendre?

LA MARGRAVE.

Contre moi? Cette idée est affreuse! Je le sens à présent; c'est moi que l'on voulait perdre en me séparant de ma fidèle Rosemberg. Je vais lui écrire. (Elle se met à une table, écrit un billet à la hâte, et le ferme.) Il faut qu'elle vienne tout de suite. Souffrante ou non, elle me doit cette preuve de dévouement. Les méchantes gens que ceux qui nous entourent! Que veulent-ils? Jamais princesse n'a été moins exigeante que moi pour ceux qui l'approchent. (Elle sonne.) Jamais aucune n'a eu plus d'égards pour ses gens, (Elle sonne.) plus de politesse et de considération, j'ose le dire, pour les hautes familles. (Elle sonne avec violence: la dame d'atour paraît.) Pourquoi donc ne venait-on pas?

LA DAME D'ATOUR.

Princesse, il n'y avait que moi là-dedans.

LA MARGRAVE.

Quand je sonne, c'est pour tout le monde. Qu'on fasse promptement porter ce billet chez madame de Rosemberg.

(La dame d'atour prend le billet et s'en va.)

MME DE FURTZBOURG.

Je crains vraiment que cette agitation ne fasse du mal à Votre Altesse.

LA MARGRAVE.

Hélas !

MME DE FURTZBOURG.

Il vous est si facile de punir la bassesse de madame de Greenschloff et la coquetterie de madame de Walter, sans même en paraître instruite.

LA MARGRAVE.

Expliquez-vous.

MME DE FURTZBOURG.

On parle d'une mission à Vienne.

LA MARGRAVE.

Oui ; fort importante même.

MME DE FURTZBOURG.

Madame de Greenschloff la sollicite vivement pour son frère. Que Votre Altesse y fasse nommer monsieur de Walter à qui on insinuera d'emmener sa femme. Une mission peut se prolonger tant qu'on veut.

LA MARGRAVE.

Mais monsieur de Walter est-il d'étoffe à faire un ambassadeur?

MME DE FURTZBOURG.

Monsieur de Walter! monsieur de Walter a toutes les formes de la diplomatie; une tête longue, une figure qui ne dit rien, une honnête corpulence, de gros mollets. On chercherait long-temps, je crois, avant de trouver un homme mieux conditionné pour cet emploi.

LA MARGRAVE, gaiement.

Si cela est ainsi, sa femme ira coquetter à Vienne; le théâtre sera plus digne de sa beauté.

MME DE FURTZBOURG.

De retomber sous la dépendance de son mari, c'est ce qu'elle redoute le plus. (Riant.) Elle ne pourra s'y résoudre, et elle pleurera jusqu'à ce que sa mère consente à l'accompagner.

LA MARGRAVE, riant.

C'est parfait.

MME DE FURTZBOURG, riant.

Et madame de Greenschloff!

LA MARGRAVE, riant.

Cela les brouillera à la mort. (Sérieusement.) Madame

de Furtzbourg, je ne connais que vous qu'on puisse comparer à madame de Rosemberg. Mais vous tenez à votre liberté; je le conçois : vous voyez trop vite et trop loin pour vous plaire à la cour. C'est dommage. Allez la trouver de ma part, cette chère amie. Dites-lui qu'elle ne tienne pas compte de mon dernier billet; que tout reste convenu comme je le lui avais écrit d'abord. C'est le grand-maréchal qui doit l'aller prendre chez elle.

MME DE FURTZBOURG.

Véritablement vous la comblez.

(Elle sort. Un moment après, arrivent précipitamment la dame d'atour et les autres dames qui se rangent derrière la Margrave. On entend au dehors une voix crier : Le Margrave! Il entre accompagné du grand-maréchal et suivi du comte de Burcshal et d'autres courtisans.)

LE MARGRAVE.

M'excuserez-vous, Madame, si je romps l'étiquette en venant moi-même vous offrir la main pour vous conduire au bal?

LA MARGRAVE.

Chaque preuve de votre attachement n'ajoute-t-elle pas à mon bonheur ?

LE MARGRAVE.

On avait dit que ce bal ne vous convenait pas.

14.

LA MARGRAVE.

J'aurais changé d'idée en apprenant votre prompt rétablissement.

LE MARGRAVE.

Des paroles si gracieuses donnent un prix nouveau à votre complaisance. Le rouge vous sied à ravir. Je regrettais que vous l'eussiez abandonné.

LA MARGRAVE.

Pourquoi ne pas vous en être expliqué avec moi directement? Vous entendez : directement; car il y a beaucoup d'intrigans dans cette cour.

LE MARGRAVE.

Madame, il y en avait aussi beaucoup à la cour de Louis quatorzième de France.

LA MARGRAVE.

Ce n'est point en cela qu'elle mérite d'être imitée. Pour moi, j'aime à déclarer hautement ce que je pense. (Au grand maréchal.) Monsieur le grand-maréchal, j'approuve que vous n'ayez pas invité madame de Rosemberg. Dans la disgrace où on la supposait, votre discrétion à cet égard était du respect pour moi, et une attention délicate pour elle; mais je veux qu'on sache que les intrigans, loin d'être parvenus à lui faire perdre ma confiance, n'ont fait qu'augmenter l'amitié que je lui porte. Je l'ai moi-même invitée en votre nom.

LE GRAND-MARÉCHAL.

Quelle bonté! quelle générosité!

LA MARGRAVE.

Je lui ai fait dire que vous iriez la chercher.

LE GRAND-MARÉCHAL.

Votre Altesse a prévenu mes vœux les plus ar-
dens; et je serai le premier à féliciter madame de
Rosemberg d'un bonheur dont tout le monde se réjouira comme moi.

LE MARGRAVE.

Vous exagérez, grand-maréchal; jamais tout le
monde ne se réjouira qu'une place que l'on croyait
vacante ne le soit pas. (A la Margrave.) Je suis charmé
de vous voir rappeler madame de Rosemberg, surtout à cause des sollicitations dont on a dû vous accabler.

LA MARGRAVE.

Moi! c'est de votre main que j'avais reçu madame de Rosemberg: j'aurais reçu avec la même sou-
mission toute femme qui aurait fixé votre choix.
On avait parlé de madame de Walter.

LE MARGRAVE, avec quelque embarras.

Ah! on avait parlé de madame de Walter.

LA MARGRAVE.

Oui, on en avait parlé; trop peut-être..... afin de
la desservir.

LE MARGRAVE.

C'est bien possible.

LA MARGRAVE.

Je regarderai toujours comme un de mes devoirs
de protéger la réputation d'une femme trop jeune
pour deviner jusqu'où peut aller l'envie et la médi-
sance, et je demanderai pour elle, à Votre Altesse,
une faveur qui la couvre de notre estime.

LE MARGRAVE, donnant la main à la Margrave pour la conduire au

bal

Cette faveur vous est accordée d'avance. Je vous
trouve d'une beauté à ne vous rien refuser.

(Ils sortent : toute la cour les suit.)

SCÈNE VI et dernière.

(Chez madame de Rosemberg.)

la COMTESSE, LOUISE.

LA COMTESSE, achevant sa toilette.

Ainsi on n'a pas trouvé mon cocher.

LOUISE.

Que madame soit sans inquiétude, Biber préside

à tout ; Biber remplacera le cocher ; ce n'est pas lui qui s'éloignerait sur l'idée que madame n'aura pas besoin de lui.

LA COMTESSE.

Que vous me soyez attachée, Louise, cela me paraît tout simple ; mais ce garçon, à qui je n'ai pas dit quatre mots depuis qu'il est à mon service, c'est très-extraordinaire.

LOUISE.

Des gens de madame, c'est, je puis le dire, le seul qui ait partagé mes inquiétudes.

LA COMTESSE, prenant quelques pièces d'or sur sa toilette.

Vous lui donnerez cela, et vous lui direz que je suis très-contente de sa conduite. Avait-on fait encore des propositions à d'autres qu'à vous et à lui?

LOUISE.

Ah ! madame, on dit tant de choses.

LA COMTESSE.

Et que dit-on ?

LOUISE.

Je ne voudrais pas l'affirmer ; mais le bruit a couru que la vieille madame Miller, notre femme de charge, s'était comme arrangée.

LA COMTESSE.

Je la leur cède de bon cœur ; mais vous vous informerez cependant de ce qu'il en est. Voyez si ma voiture est prête.

(Louise sort. Rodolphe entre.)

RODOLPHE.

Je vous fais mon compliment, ma sœur; tout ici a un air de résurrection.

LA COMTESSE, donnant à son frère les deux lettres de la Margrave.

Venez, venez, mon frère. Tenez, lisez. Deux lettres de la princesse depuis le peu de temps que vous m'avez quittée! Elle m'attend! Vous voyez qu'elle m'attend. Madame de Furtzbourg s'est conduite avec un dévouement! Ah! mon cher Rodolphe, il faut lui rendre justice.

RODOLPHE.

A présent que vous êtes contente, je rendrai justice à qui vous voudrez.

LA COMTESSE.

Il est vrai qu'avec une princesse comme la nôtre, on est toujours si bien venu en montrant des sentimens nobles et généreux! Mais il faut que je vous quitte; mes momens ne sont plus à moi.

LOUISE, annonçant.

Madame la comtesse de Furtzbourg.

LA COMTESSE, allant au devant de madame de Furtzbourg.

Deux lettres! deux lettres! Elle m'a écrit deux lettres!

MME DE FURTZBOURG.

Je le sais, je le sais; mais mettez du rouge. Je suis chargée de vous dire de ne tenir aucun compte du second billet; c'est décidément au bal que se fera votre entrevue, afin d'éviter les trop grandes émotions, et d'ajouter encore à votre triomphe. Le grand-maréchal va donc venir vous prendre : je vous dis qu'on veut vous accabler. C'est une recherche de soins, de prévenances. Déjà votre belle-mère a reçu défense de se présenter devant nous, pour la punir d'avoir fait, un instant, cause commune avec vos ennemis. Le bon prélat sera traité de même; et quant à la Walter, nous l'envoyons à Vienne, à la suite de son mari, en lui souhaitant tout le bonheur qu'elle doit trouver dans un pareil tête à tête.

RODOLPHE.

C'est d'une bonté qui passe toute expression.

UN DOMESTIQUE, annonçant.

Son excellence monsieur le grand-maréchal.

(Il sort.)

LE GRAND-MARÉCHAL.

Je viens vous enlever, charmante comtesse; j'en ai reçu l'ordre de la bouche même de notre maitresse adorée.

LA COMTESSE.

Que vois-je? vous avez le grand cordon, monsieur le maréchal!

LE MARÉCHAL.

Oui, Madame, de ce matin, avec la pension. Ça paie mes chevaux.

LA COMTESSE.

C'est fort honorable. (Biber paraît.) Vous ne me suivrez pas, Biber; mais vous aurez soin qu'on vienne me chercher à minuit chez monsieur le grand-maréchal. (Biber sort.) Vous ne venez pas avec nous, madame de Furtzbourg?

MME DE FURTZBOURG.

A un bal! je ne vois jamais la cour que quand elle est en deuil.

LA COMTESSE.

Et vous, mon frère?

RODOLPHE.

J'ai une excellente raison, moi; je n'ai pas apporté d'autre uniforme que celui-ci.

MME DE FURTZBOURG, à la comtesse.

Partez, partez; ne vous faites pas attendre. Je vous verrai demain matin.

LA COMTESSE.

Demain matin, demain au soir, toujours, sans cesse, et ce ne sera pas encore assez. (A Louise.) Je permets qu'il y ait un petit bal entre mes gens; vous y présiderez.

(Elle donne la main au grand maréchal, et ils sortent ensemble.)

MME DE FURTZBOURG.

Voilà un grand changement, j'espère.

RODOLPHE.

Singulière joie! singuliers chagrins! Ce qu'il y a de bien sûr, c'est que je n'éprouverai jamais ni l'un, ni l'autre.

MME DE FURTZBOURG.

Venez donc dire cela à ma nièce; vous l'enchanterez.

RODOLPHE.

Vous me donnez bien des regrets, Madame, par cette séduisante invitation; mais mon congé est si limité, que j'ai fait demander des chevaux de poste pour repartir tout de suite.

MME DE FURTZBOURG sèchement.

Vous n'aurez pas fait un long séjour ici.

(Elle sort; Rodolphe la reconduit.)

LOUISE, seule.

Cette pauvre nièce de madame de Furtzbourg a du malheur. Monsieur Rodolphe ne se soucie pas de payer pour madame; il a raison. Il est jeune; il est beau garçon; il peut attendre. (Contrefaisant madame de Furtzbourg.) « Venez donc dire cela à ma nièce, vous l'enchanterez. » Je t'en souhaite.

RODOLPHE, revenant.

De quoi ris-tu?

2.   15

LOUISE.

Est-ce que tout ce qui se passe n'est pas fait pour me donner de la joie?

RODOLPHE.

D'après ce que tu m'avais dit tantôt, j'aurais cru que cela te serait plus indifférent.

LOUISE.

Ah! si vous allez me parler de tantôt......

BIBER.

La chaise de poste de monsieur est prête.

LOUISE.

Bon voyage, monsieur Rodolphe.

RODOLPHE.

Bonsoir, Louise.

(Il sort en riant.)

BIBER.

Me voilà bien planté, moi, avec la démarche que vous m'avez fait faire chez madame de Walter.

LOUISE.

Qui est-ce qui dit que vous avez fait une démarche? C'est bien plutôt madame de Walter qui en a fait faire auprès de vous; mais vous n'avez voulu entendre à rien, par l'extrême attachement que vous avez pour madame. La preuve, c'est cet argent qu'elle n'a chargée de vous remettre en récompense de votre bonne conduite.

BIBER, prenant l'argent d'un air stupéfait.

A moi?

LOUISE.

Sans doute, à vous. Un sujet fidèle et dévoué, c'est si rare.

BIBER.

Parle donc raison, Louise. Quand bien même tu aurais fait un conte à madame, notre femme de charge, qui sait la vérité, ne manquera pas de la lui dire.

LOUISE.

Elle sera bien reçue, elle qui a eu l'ingratitude de vouloir nous quitter pour offrir ses services à nos plus mortelles ennemies.

BIBER.

C'est trop fort. Qui est-ce qui voudrait d'elle, à l'âge qu'elle a?

LOUISE.

Enfin, comme je suis chargée de prendre des informations là-dessus, vous entendez bien que la vérité ne sera que ce qu'elle doit être. (Elle rit.) Grand nigaud! je crois qu'il se fait des scrupules. Vous avez été chez madame de Rudens parce que vous avez cru de votre intérêt de vous tourner de ce côté-là. Madame de Greenschloff, l'évêque de Neubrunn, le président, le grand-maréchal, tous les gens de la maison du Margrave n'ont-ils pas fait de même? A présent que madame a repris sa place, c'est à qui va s'en défendre. Mais, sans aller chercher si loin, madame qui, au moment que je vous parle, est peut-être dans des protestations de tendresse magnifiques auprès de sa maîtresse, que n'en a-t-elle pas dit ce matin? Qu'elle était dure, qu'elle était sèche; qu'elle n'avait jamais aimé personne; la faveur lui revient; elle change de langage. Ne faisons-nous pas de même?

IL N'Y A PAS DEUX ESPÈCES D'ANTICHAMBRES.

L'ENSEIGNEMENT

MUTUEL,

ou

OÙ LA CHÈVRE EST ATTACHÉE,

IL FAUT QU'ELLE BROUTE.

PERSONNAGES.

M. DE QUERVILLE.
MADAME DE QUERVILLE.
MADAME D'ORCY, tante de madame de Querville.
MADEMOISELLE LEFÈVRE, demoiselle de compagnie.
CATHERINE, fermière.
BENOIT, domestique.

La scène se passe dans un château.

Le théâtre représente un salon.

L'ENSEIGNEMENT

MUTUEL.

SCÈNE I.

Mme D'ORCY, Mlle LEFÈVRE.

Mlle LEFÈVRE.

Madame, pourquoi m'avez-vous fait signe de vous suivre dans ce salon ?

Mme D'ORCY.

Parce que ma nièce est souffrante, et que vous ne valez rien auprès d'une personne souffrante.

Mlle LEFÈVRE.

Il est vrai que quand je suis attachée à quelqu'un comme je le suis à madame de Querville, ses douleurs deviennent les miennes ; j'ai une organisation fatale sous ce rapport-là.

Mme D'ORCY.

Il faudrait alors tâcher de prendre sur votre organisation; car destinée, comme je me plais à le croire, à rester auprès de ma nièce, vos angoisses, vos soupirs, vos lamentations chaque fois qu'elle aurait la moindre chose, seraient dans le cas de lui faire plus de mal que de bien.

MLLE LEFÈVRE.

Jusqu'ici, madame de Querville ne s'en est pas plainte.

MME D'ORCY.

Mais je m'en plains, moi, mademoiselle Lefèvre. L'attachement d'une demoiselle de compagnie, qui n'est que depuis six mois dans une maison, ne peut pas être plus vif que celui d'une tante qui a élevé sa nièce. Je ne pleure pas; je ne gémis pas, j'observe; et c'est comme cela que je puis rendre à madame de Querville les services dont elle a besoin.

(Elle sort.)

SCÈNE II.

Mlle LEFÈVRE, seule.

Du moment que j'ai su que cette tante nous accompagnerait à la campagne, j'ai été contrariée. Elle n'avait pas besoin de me dire qu'elle observait, je m'en étais bien aperçue. C'est fort gênant. A-Paris, je n'y pensais pas; nous ne la voyions que par intervalles; mais ici!... Le régiment de son fils viendra-t-il en garnison près de nous, ou n'y viendra-t-il pas? Voilà ce que je voudrais savoir. Il est plus aimable que sa mère, le colonel. Si madame de Querville pouvait se décider à l'aimer tout-à-fait, cela ne manquerait pas de me mettre en pied. Mais elle ne sait pas ce qu'elle veut; elle est d'une indécision, d'une réserve! On a beau la deviner, on n'ose pas aller plus loin.

SCÈNE III.

Mlle LEFÈVRE, M. DE QUERVILLE.

M. DE QUERVILLE.

Vous n'êtes pas auprès de ma femme, mademoiselle Lefèvre.

Mlle LEFÈVRE.

Ce n'est pas ma faute, Monsieur; j'y étais, il n'y
a qu'un instant; mais madame d'Orcy a l'air de me
redouter.

M. DE QUERVILLE.

Elle ne vous redoute pas. Madame d'Orcy fait
tout par principes; elle est persuadée, par exemple,
qu'il ne faut jamais plus d'une personne auprès d'un
malade; elle s'imagine que ma femme est malade;
elle se trompe. Madame de Querville a un peu de
langueur; le déplacement l'a fatiguée; le changement d'air agit sur elle : ce qu'il lui faudrait, ce
serait de la distraction. Vous êtes gaie, vous êtes
rieuse; entre nous, je suis sûr que votre société lui
est plus salutaire que celle de sa tante; mais je me
garderais bien de dire cela.

MLLE LEFÈVRE.

Que voulez-vous, Monsieur? Je ne puis pas non plus lutter contre madame d'Orcy.

M. DE QUERVILLE.

Madame de Querville n'a rien de particulier qui la tracasse?

MLLE LEFÈVRE.

Que pourrait-elle avoir?

M. DE QUERVILLE.

Je vous le demande. Comme elle a assez de confiance en vous, elle aurait pu vous faire quelques confidences. J'ai paru désirer de ne pas recevoir, cette année-ci, autant de monde que l'année dernière; mais, qu'à cela ne tienne, elle n'a qu'un mot à dire.

MLLE LEFÈVRE.

Madame n'y a seulement pas fait attention.

M. DE QUERVILLE.

Elle aime beaucoup son cousin; peut-être est-elle contrariée de ce changement de garnison, qui fait qu'il ne viendra pas ici.

MLLE LEFÈVRE.

Est-ce que c'est décide?

M. DE QUERVILLE.

C'est décidé comme tout ce qu'on décide aujourd'hui. Les ministres, faute de pouvoir faire de grandes choses, s'amusent à en faire des petites. Des vétilles comme celle-là ne laissent pas que d'attirer dans leur antichambre des colonels qui demandent telle ville plutôt que telle autre, qui écrivent, qui vont, qui viennent, qui leur envoient des solliciteurs, des solliciteuses. L'Excellence ne manque pas de raisons pour prouver que c'est chose fort importante, et qui mérite un sérieux examen ; pendant ce temps-là les commis s'arrangent pour décider comme il leur plaît. On se plaint, on crie ; mais, comme l'autorité ne doit jamais reculer, ce que les commis ont fait est maintenu.

MLLE LEFÈVRE.

Et, en définitive, vous croyez, Monsieur, que le régiment de monsieur le colonel d'Orcy ne viendra pas.

M. DE QUERVILLE.

Par sa dernière lettre, il paraissait ne plus conserver d'espoir ; ce n'est pas l'embarras, c'est peut-être une raison pour espérer. Il ne faut qu'un hasard, un garçon de bureau peut-être.

SCÈNE IV.

M. DE QUERVILLE, MLLE LEFÈVRE, BENOIT.

MLLE LEFÈVRE, à Benoît, qui porte une bassinoire.

Où allez-vous avec cela ? (Benoît la regarde sans lui répondre.)

M. DE QUERVILLE.

Vous n'entendez pas la question que vous fait mademoiselle ?

BENOIT.

Monsieur, c'est mademoiselle Arsène qui m'a dit de porter cette bassinoire dans la chambre de madame.

M. DE QUERVILLE.

Ma femme ne veut pas se coucher à cette heure-ci, j'espère. Il n'est pas sept heures. Nous sortons de table.

BENOIT.

Je ne sais pas, Monsieur.

M. DE QUERVILLE.

D'ailleurs elle ne ferait pas bassiner son lit au mois de juin.

2.   16

M^{llᵉ} LEFÈVRE.

Non, non, Monsieur; c'est une suite des embarras que fait Arsène depuis que nous sommes arrivés; elle veut tout ranger, tout mettre en place. Elle est venue ce matin, jusque dans ma chambre, retirer un grand fauteuil qu'elle prétendait ne pas devoir y être.

BENOIT, élevant la voix.

Ce fauteuil-là a toujours été dans le cabinet de madame.

M. DE QUERVILLE.

Plus bas donc. Allez porter cette bassinoire, et vous viendrez me parler ensuite.

BENOIT.

Monsieur, pourrai-je demander auparavant de la bourrache au jardinier?

M. DE QUERVILLE.

Qui est-ce qui a besoin de bourrache?

BENOIT.

Madame d'Orcy a commandé d'en faire de la tisane.

M. DE QUERVILLE.

Alors faites ce qu'elle vous a dit.

(Benoît sort.)

SCÈNE V.

M. DE QUERVILLE, Mlle LEFEVRE.

Mlle LEFÈVRE.

Je trouve qu'à la campagne, les domestiques se donnent plus d'importance qu'à Paris.

M. DE QUERVILLE.

Il faut bien qu'ils s'amusent à quelque chose.

Mlle LEFÈVRE.

Le cocher, tantôt, me faisait rire. Il était dans la basse-cour à regarder, les bras croisés, le garçon de ferme qui pansait vos chevaux. On aurait juré d'un personnage. (Elle se croise les bras et imite les airs du cocher.) « Est-ce comme cela que je vous avais dit de vous y prendre? Qui est-ce qui m'a bâti un pareil maladroit? Recommencez; allons, recommencez. Secouez-donc votre étrille. Vous n'avez pas pour un sou de mémoire. » (Elle rit.)

M. DE QUERVILLE, riant aussi.

Je le reconnais bien là; il est si soigneux.

Mlle LEFÈVRE.

Ménaut montre aussi à la fille de basse-cour à

faire la cuisine. Ça lui est fort commode; il met tout en train; part pour la chasse, ne revient guère que sur le quatre heures, et en est quitte alors pour donner la grande main, dresser ce qu'il y a à dresser. Personne ne se plaint; tout est pour le mieux.

M. DE QUERVILLE.

Je ne savais pas cela. C'est assez bien; s'il tombait malade, on ne serait pas pris au dépourvu.

MLLE LEFÈVRE.

C'est à quoi j'avais pensé.

SCÈNE VI.

M. ET MME DE QUERVILLE, MME D'ORCY, MLLE LEFÈVRE.

M. DE QUERVILLE, à sa femme qui entre appuyée sur le bras de madame d'Orcy.

Eh! mon Dieu, ma bonne amie, qu'avez-vous donc?

MME D'ORCY.

Elle trouve qu'elle a froid dans son cabinet.

M. DE QUERVILLE.

Il est plus petit que ce salon-ci, et il est à la même exposition.

Mme DE QUERVILLE.

Que voulez-vous, monsieur de Querville? c'est une idée qui m'a prise. (Elle s'assied sur un canapé.)

Mlle LEFÈVRE, lui mettant un tabouret sous les pieds.

Je connais bien cela.

Mme DE QUERVILLE, à madame d'Orcy.

Vous êtes restée toute la journée auprès de moi, ma tante; j'en suis honteuse. Allez faire une petite promenade avant la nuit.

Mme D'ORCY.

Quand tu seras couchée, si tu t'endors, nous verrons.

M. DE QUERVILLE, prend une des mains de sa femme et se met à genoux devant elle.

Vous coucher, ma bonne amie! Vous êtes donc réellement malade? Mademoiselle Lefèvre, faites-moi le plaisir de dire à Jacques de seller un cheval; je veux envoyer chercher le médecin.

Mlle LEFÈVRE.

J'y vais tout de suite.

Mme D'ORCY.

C'est inutile. Elle n'a besoin que de repos. Lais-

16.

sez-moi donc la conduire. Un peu de bourrache, une petite transpiration, c'est tout ce qu'il lui faut.

Mlle LEFÈVRE, de l'air du plus grand intérêt.

Si, par hasard, vous vous trompiez, Madame, et que ce fût un commencement de maladie.

Mme D'ORCY.

Je ne me trompe pas, mademoiselle; ce ne sera rien.

M. DE QUERVILLE, qui n'a pas quitté son attitude.

Elle a les mains assez fraîches; son teint me paraît bon. Dites-moi, Mélanie, que ressentez-vous?

Mme DE QUERVILLE.

Vraiment, monsieur de Querville, vous vous inquiétez trop : je vois des larmes dans vos yeux. Savez-vous seulement ce que c'est qu'une femme? J'ai de l'affaiblissement, du vague; demain, peut-être, ne sera-t-il plus question de rien.

M. DE QUERVILLE.

Allons, allons, je ne vous tourmenterai pas davantage; mais si vous pouviez ne pas vous coucher, je le préférerais.

Mme DE QUERVILLE, le regardant d'un air attendri.

Soyez content; je ne me coucherai pas.

M. DE QUERVILLE.

Voulez-vous que nous restions? Voulez-vous que nous sortions?

Mme DE QUERVILLE, en souriant.

J'aime mieux que vous sortiez; car je n'oserais plus être malade.

M. DE QUERVILLE.

C'est bien. Nous allons sortir. Mademoiselle Lefèvre aura la bonté de vous lire, pendant ce temps-là, quelques pages de ce roman nouveau qu'on nous a envoyé; on dit qu'il est amusant.

Mlle LEFÈVRE.

Je vais le chercher.

(Elle sort.)

SCÈNE VII.

M. ET Mme DE QUERVILLE, Mme D'ORCY.

M. DE QUERVILLE.

Et nous deux, ma tante, pour peu que cela vous convienne, nous irons faire un tour ensemble, sans trop nous écarter de la maison.

Mme D'ORCY.

Je vous avoue que cette demoiselle Lefèvre ne me

rassure pas pour la laisser seule avec Mélanie, quand elle n'est pas tout-à-fait bien portante. Ne t'en gêne pas, toujours, Mélanie; si elle t'ennuie soit par une gaieté hors d'œuvre, soit par sa sensibilité de commande, renvoie-la et fais venir Arsène. Arsène est une très-bonne fille.

M^{LE} DE QUERVILLE.

Oui, ma tante, je ferai ce que vous me dites.

MME D'ORCY.

Notre promenade ne sera pas longue, d'ailleurs.

M. DE QUERVILLE.

Je ne sais pas où est mon chapeau. Je vais voir à le trouver; je reviens.

(Il sort.)

SCÈNE VIII.

M^{LE} DE QUERVILLE, MME D'ORCY.

MME DE QUERVILLE.

Je crois que vous avez une bien fausse opinion de mademoiselle Lefèvre.

MME D'ORCY.

Je ne demande pas mieux que de me tromper.

MME DE QUERVILLE.

Elle est bien née. Elle a eu des malheurs; ce n'est pas sa faute.

MME D'ORCY.

Toutes les demoiselles de compagnie ont toujours eu des malheurs, si ce n'est que cela.

MME DE QUERVILLE.

Je dois lui savoir gré des attentions qu'elle a pour moi; je suis si peu aimable; j'empire de jour en jour; bientôt il n'y aura plus que vous, ma bonne tante, qui pourrez me supporter.

MME D'ORCY.

Et ton mari pourtant. Monsieur de Querville a une tendresse de femme, une persévérance de bonté, d'attentions, de prévenances que je ne puis pas me lasser d'admirer.

MME DE QUERVILLE.

Il ne lui manque qu'un peu de mouvement dans l'esprit.

MME D'ORCY.

Sois sûre qu'il en aurait s'il te voyait autrement. Tu es langoureuse; quel mouvement veux-tu qu'il se donne? Il craindrait de faire contraste.

MME DE QUERVILLE.

Son intention, à ce qu'il parait, est de ne recevoir personne pendant la saison; si le régiment de votre fils ne vient pas en garnison ici, nous serons bien seuls.

Mme D'ORCY.

Tu répètes sans cesse que tu n'aimes pas le monde.

Mme DE QUERVILLE.

Mon cousin n'est pas le monde.

Mme D'ORCY.

Je suis de bonne foi, j'aimerais mieux pour Ernest qu'il allât en Normandie. Il y a une demoiselle de Ponteuil qui est un parti très-sortable, et qu'une de mes amies ne désespérerait pas de lui faire épouser s'il était sur les lieux.

Mme DE QUERVILLE.

Mon Dieu! ma tante, marier Ernest! Vous ne m'en aviez jamais parlé.

Mme D'ORCY.

Il faut bien qu'il finisse par là.

Mme DE QUERVILLE, soupirant.

Ah! sans doute.

SCÈNE IX.

Mme D'ORCY, M. ET Mme DE QUERVILLE.

M. DE QUERVILLE.

Ma tante, me voilà tout prêt.

Mme D'ORCY.

Est-ce que nous allons la laisser seule?

M. DE QUERVILLE.

Attendons, si vous voulez, que mademoiselle Lefèvre soit descendue.

Mme DE QUERVILLE.

Mais non, mais non. Vous me traitez comme une idole. C'est vous qui me gâtez. Allez, allez à votre promenade.

M. DE QUERVILLE.

Vous devriez venir avec nous.

Mme DE QUERVILLE.

Pas aujourd'hui.

M. DE QUERVILLE.

Venez, madame d'Orcy.

(Ils sortent.)

SCÈNE X.

MME DE QUERVILLE.

Ernest se marier! Pourquoi donc m'étonner? Je devais m'y attendre. Pauvre Ernest! Savait-il les projets de sa mère, la dernière fois qu'il est venu nous voir? Il m'a paru rêveur.... Il m'aime; je ne puis en douter. Nous avons presque été élevés ensemble. Ce mariage va nous rendre tout-à-fait étrangers l'un à l'autre. Étrangers! pourquoi étrangers? Cela ne devrait rien faire! Ah!

(Elle passe la main sur son front et paraît tomber dans la rêverie.)

SCÈNE XI.

MME DE QUERVILLE, MLLE LEFÈVRE.

MLLE LEFÈVRE, *un livre à la main.*

Vous dormiez, Madame?

M^{mᵉ} DE QUERVILLE, *cherchant à se remettre.*

Non ; je réfléchissais. Eh bien, ce livre ?

M^{llᴱ} LEFÈVRE.

Je l'ai ouvert au hasard. Autant que j'ai pu voir, l'auteur a la prétention d'être plaisant.

M^{ᴹᴱ} DE QUERVILLE.

C'est une prétention difficile à soutenir.

M^{llᶜ} LEFÈVRE.

Surtout à la campagne, n'est-ce pas, Madame ?

M^{ᴹᴱ} DE QUERVILLE.

Mais j'aime assez la campagne.

M^{llᴮ} LEFÈVRE.

Moi aussi.

M^{ᴺᴮ} DE QUERVILLE.

Mais....

M^{llᴱ} LEFÈVRE.

Ah ! je vous comprends bien.

M^{ᴹᴱ} DE QUERVILLE.

Que comprenez-vous ?

M^{llᴱ} LEFÈVRE.

Il faut un peu de société.

M^{ᴹᴸ} DE QUERVILLE.

Une personne de plus suffit quelquefois.

2.   17

Mlle LEFÈVRE.

Ah! mon Dieu, souvent il n'en faut pas davantage pour qu'un lieu qui paraissait triste et maussade s'embellisse tout à coup, sans qu'on puisse en deviner la raison.

Mme DE QUERVILLE, après une pause.

Voulez-vous essayer de cette lecture?

Mlle LEFÈVRE.

Volontiers, Madame.

(Elle ouvre le livre.)

Mme DE QUERVILLE.

Mademoiselle Lefèvre, quelle idée avez-vous de moi?

Mlle LEFÈVRE.

Il y a tant de rapport entre nous deux, Madame, que je n'oserais pas faire votre éloge.

Mme DE QUERVILLE.

Vraiment, vous trouvez qu'il y a du rapport entre nous? Vous n'êtes pas mélancolique pourtant.

Mlle LEFÈVRE.

Il n'y a que moi qui le sache. Quand on n'est pas chez soi, il y a tant de choses qu'on doit dissimuler.

Mme DE QUERVILLE.

La mélancolie est une disposition d'esprit; on

n'est pas malheureuse pour cela ; mais on rêve des chimères.

MLLE LEFÈVRE.

Comme toutes les personnes qui ont de l'imagination.

MME DE QUERVILLE.

Vous devez avoir de l'imagination , vous ?

MLLE LEFÈVRE.

Beaucoup trop , Madame.

MME DE QUERVILLE.

Quel est le titre de ce roman ?

MLLE LEFÈVRE.

Alphonse , ou le Malheur de s'exagérer ses devoirs.

MME DE QUERVILLE.

Quel singulier titre ! Est-ce qu'on peut exagérer ses devoirs ? Mais vous dites que l'auteur a la prétention d'être plaisant : ce n'est peut-être qu'une plaisanterie de plus.

MLLE LEFÈVRE.

Mais dame aussi, ce qu'on appelle devoir est-il bien défini ? La folie se glisse partout. Une personne qui se laisserait mourir parce qu'elle trouverait cela mieux qu'autre chose, serait-elle une personne bien raisonnable ?

MME DE QUERVILLE.

Voyons, mademoiselle Lefèvre, lisez. (Elle s'enfonce

dans son siège, croise les bras et tient les yeux immobiles de manière à indiquer qu'elle ne prête aucune attention à la lecture.

MLLE LEFÈVRE, lit.

« Les belles n'aiment tant la gloire et les lauriers que parce que, fatiguées d'une liaison, une guerre peut arranger bien des choses. Aussi les longues années de paix diminuent-elles beaucoup le mérite des héros. Un soupirant qui ne s'arrache des bras d'une maîtresse adorée que pour changer de garnison... »

MME DE QUERVILLE, l'interrompant.

Plaît-il?

MLLE LEFÈVRE.

Je lis.

MME DE QUERVILLE.

Pardon. Je croyais vous avoir entendue parler de changer de garnison. Ma tante n'en serait pourtant pas fâchée. C'est singulier; elle aime son fils avec la dernière tendresse, et elle a l'air de désirer qu'il s'éloigne de nous.

MLLE LEFÈVRE.

Cela ne m'étonne pas. Madame d'Orcy est assurément une personne bien respectable, bien dévouée à madame; mais ne pousserait-elle pas ce dévouement jusqu'à la jalousie?

MME DE QUERVILLE.

Jalousie de quoi?

MᴸᴸᴱLEFÈVRE.

Voilà monsieur son fils, par exemple, dont la société plait à madame, et qu'elle désire éloigner ; moi, elle ne peut pas me souffrir.

Mᴹᴱ DE QUERVILLE.

Elle ne peut pas vous souffrir ! c'est trop fort.

Mᴸᴸᴱ LEFÈVRE.

Non, Madame, ce n'est pas trop fort. Je suis sûre qu'elle trouve que je me suis établie trop vite auprès de vous ; que je ne me tiens pas assez à ma place. Je suis à peu près de l'âge de madame ; il est possible qu'elle craigne que si madame avait quelque chose qui l'occupât, quelque confidence à faire, elle ne me choisît de préférence.

Mᴹᴱ DE QUERVILLE, sèchement.

Rien ne m'occupe, Mademoiselle, et je n'ai de confidence à faire à personne.

Mᴸᴸᴱ LEFÈVRE, à part.

Oh ! oh ! de la réserve ! Il est bien temps.

SCÈNE XII.

MME DE QUERVILLE, MLLE LEFÈVRE, BENOIT.

BENOIT, *posant un grand porte-feuille sur une table.*

Madame, ce sont les lettres et les journaux.

MME DE QUERVILLE.

Prenez la clef qui est là, et ouvrez le porte-feuille. (*Benoît exécute ses ordres.*) Le messager est venu bien tard aujourd'hui, ce.me semble.

BENOIT.

Il n'est pas encore huit heures, Madame.

MME DE QUERVILLE, *prenant les lettres.*

Est-il reparti?

BENOIT.

Non, Madame; il attend le porte-feuille; et comme il mange un morceau à la cuisine, s'il y a quelques réponses pressées, il pourra les remporter pour les mettre à la poste.

MME DE QUERVILLE.

Voici des lettres pour ma tante et pour monsieur

de Querville. Ils ne doivent pas être éloignés ; cher-
chez-les.

BENOIT.

Oui, Madame.

(Il sort.)

Mme DE QUERVILLE.

En voici une aussi pour vous, mademoiselle Lefèvre ; si vous voulez y répondre, vous pouvez
monter dans votre chambre.

Mlle LEFÈVRE.

Dès que madame me le permet, je vais voir.
(A part, en s'en allant.) Elle a une lettre du colonel,
qu'elle veut lire sans témoin.

(Elle sort.)

SCÈNE XIII.

Mme DE QUERVILLE, seule.

Cette demoiselle Lefèvre commence à me déplaire.
Mais, qui est ce qui ne me déplaît pas depuis que
j'ai quitté Paris? Monsieur de Querville, ma tante,
me sont souvent à charge à force de soins, et je suis
obligée de leur laisser croire que je suis malade,
afin de justifier à leurs yeux l'espèce de découra-

gement que j'éprouve. C'est un état insupportable. (Elle décachette une lettre et reste un instant sans oser la lire.) Que va m'apprendre cette lettre? Le cœur me bat. O ciel! si Ernest pouvait se douter qu'une lettre de lui me cause autant d'agitation! Heureusement, jusqu'ici, personne n'a pu lire au fond de mon cœur. Allons, du courage! Je vais sans doute apprendre qu'il va en Normandie! Nous ne le verrons pas cet été! (Elle soupire.) C'est ce que je devrais vouloir, et cependant....... (Elle lit bas.) Mes pressentimens ne sont que trop vérifiés. Il va en Normandie! (Avec accablement.) Tant mieux. (Elle continue à lire bas en essuyant de temps en temps quelques larmes.) Ses expressions sont bien étranges! Ce n'est pas là son style accoutumé.... Mais c'est de la démence. Je ne dois pas lire cela. (Elle chiffonne légèrement le papier.) Il y a, je crois, un post-scriptum. (Elle rouvre la lettre.) « Je ne partirai pas pour cet affreux exil avant d'avoir fait mes adieux à ma mère. Ainsi, après-demain je prends la poste, et mardi, à neuf heures du soir, je serai dans l'avenue de votre château, où j'espère que vous voudrez bien ne pas me refuser l'hospitalité pour vingt-quatre heures. » Mardi! mardi; mais c'est aujourd'hui. Quoi! je serais à une heure de le voir! Je ne sais plus ce que je dois désirer. Que faire? Cette lettre ne me laisse plus de doute. Voici ma tante et mon mari, cachons ce papier.

SCÈNE XIV.

M. ET M™ᴱ DE QUERVILLE, M™ᴱ D'ORCY.

M. DE QUERVILLE.

Ma bonne amie, vous n'avez pas idée du beau temps qu'il fait ce soir. Si vous m'en croyez, vous irez faire un tour rien que sur la terrasse. (Il regarde les lettres qui sont sur la table.) Ah! ah! Esnest s'est mis en frais, à ce qn'il parait. Voici deux lettres de lui, une pour vous, ma tante, et l'autre pour moi. (Il donne une lettre à madame d'Orcy, et décachette l'autre.) Grande nouvelle! Devinez qui va nous arriver ce soir.

M™ᴱ D'ORCY, lisant aussi.

Il n'a pas le sens commun. Faire cinquante lieues pour venir passer vingt-quatre heures avec nous, et plus de cent pour retourner à son régiment!

M. DE QUERVILLE.

Belle bagatelie pour un militaire. Moi, j'en suis enchanté; cela va nous faire passer une bonne journée; n'est-ce pas, Mélanie?

MME DE QUERVILLE.

Vous n'avez pas besoin de cela, vous; vos journées sont toujours à peu près de même.

M. DE QUERVILLE.

Pas quand vous souffrez. (Bas, avec enjouement.) Faisons un coup de tête.

MME DE QUERVILLE, le regardant avec étonnement

Que voulez-vous dire?

M. DE QUERVILLE, toujours bas, tandis que madame d'Orcy est occupée à lire.

Oui, une escapade. Vous vous couvrirez bien; je vais faire mettre la devanture à la calèche; on y portera des coussins, et nous irons à la rencontre du colonel.

MME DE QUERVILLE.

Y pensez-vous?

M. DE QUERVILLE.

A la campagne, j'aime assez les extraordinaires. Nous gagnerons de l'appétit; vous n'avez pas diné, nous souperons. Le temps est superbe; nous sommes dans la pleine lune. Répondez. Que vous en semble? Soyez persuadée que cela vous vaudra mieux que de la bourrache et des lits bassinés. (Il lui prend la main qu'il caresse.) Est-ce convenu? Je serais si content de vous faire faire une espèce d'équipée.

Mᴹᴱ DE QUERVILLE.

Il faut consulter ma tante.

M. DE QUERVILLE.

Au contraire. Elle ne doit rien savoir de cet enlè-
vement. Traitons cela comme des amoureux qui se
cachent. Au moment décisif nous lui demanderons
seulement si elle veut nous accompagner; mais de
façon à lui montrer que notre résolution est bien
prise et que rien ne peut nous en détourner.

Mᴹᴱ DE QUERVILLE.

On ne doit pas écouter un séducteur.

M. DE QUERVILLE, haut et très-gaiement.

Je reprends donc mon rôle de mari, et je vous
ordonne, Madame, de venir avec moi au-devant de
votre cousin.

Mᴹᴱ D'ORCY, fermant la lettre qu'elle lisait.

A qui en avez-vous, monsieur de Querville?

Mᴹᴱ DE QUERVILLE.

Il veut que je sorte en calèche avec lui.

Mᴹᴱ D'ORCY.

Elle a souffert toute la journée.

M. DE QUERVILLE.

Parce qu'elle ne fait pas d'exercice. On ira dou-
cement par la route d'en haut qui est la meilleure;
si elle éprouve la moindre chose, on en sera quitte
pour faire retourner la voiture.

MME D'ORCY.

Soyez sûr que ce ne serait pas convenable.

M. DE QUERVILLE.

Et vous, Mélanie, qu'en pensez-vous?

MME DE QUERVILLE.

Je m'en rapporte à ma tante.

M. DE QUERVILLE, toujours avec gaieté

Quand il fait une soirée aussi douce, aussi belle, on ne doit s'en rapporter aux tantes que jusqu'à un certain point, et je vais faire mettre les chevaux.

(Il sort.

SCÈNE XV.

MME DE QUERVILLE, MME D'ORCY.

MME DE QUERVILLE.

Monsieur de Querville devient tout-à-fait despote.

MME D'ORCY.

N'importe, mon enfant, ne fais toujours pas cette folie.

MME DE QUERVILLE.

Vous craignez que cela ne m'incommode?

MME D'ORCY.

C'est au moins inutile.

MME DE QUERVILLE.

Si vous saviez combien il était pressant; je ne l'ai
jamais vu si aimable.

MME D'ORCY.

A la bonne heure; mais j'ai des raisons, vois-tu?

M^{LL} DE QUERVILLE.

Des raisons pour m'empêcher de faire une promenade en calèche?

MME D'ORCY.

Oui.

MME DE QUERVILLE.

Vous ne pouvez pas me les dire, ma tante?

MME D'ORCY.

C'est sur la pointe d'une aiguille.

MME DE QUERVILLE.

Mais encore.

MME D'ORCY.

Il n'y a rien de plus simple que d'aller à la rencontre d'un cousin. Eh bien! je parie que mademoiselle Lefèvre en fera la remarque. Elle se rappellera
que tu as toujours été languissante depuis que nous
sommes à la campagne; qu'à peine es-tu sortie deux
fois dans le jardin; que tout à l'heure encore tu
étais au moment de faire bassiner ton lit pour te

<table><tr><td>2.</td><td style="text-align:right">18</td></tr></table>

coucher. Mademoiselle Lefèvre a la prétention d'être fine c'est-à-dire qu'elle interprète tout maligne-ment; elle va peut-être s'imaginer............. Que sais-je?

MME DE QUERVILLE, d'une voix mal assurée.

Vraiment, ma tante, s'il en était ainsi, on n'o-serait plus remuer.

MME D'ORCY.

Ernest, il faut l'avouer, prête beaucoup aux in-terprétations. Tu ne t'en es pas aperçue; il est, avec les femmes, d'une exaltation qui va quelquefois jus-qu'au ridicule. Vous êtes parens; avec toi j'y prends moins garde; mais partout où il va d'habitude, on jurerait qu'il est amoureux de la maîtresse de la maison.

MME DE QUERVILLE.

Partout où il va?

MME D'ORCY.

C'est un calcul que font beaucoup d'hommes. Que risquent-ils? Celles qui s'y laissent prendre, tant pis pour elles. Voilà pourquoi je voudrais qu'il se mariât. Tu crois bien que je ne suis pas autre-ment pressée d'avoir une bru : en général, ce n'est pas très-désirable; mais si ton cousin reste garçon, à soixante ans encore il voudra faire le Céladon. Par amour-propre de mère, je n'aimerais pas à pen-ser qu'il viendra un temps où il se ferait moquer de lui comme tant de vieux beaux qu'on rencontre dans le monde. Tu conçois cela. (*Elle s'approche d'une croisée.*) Il n'y a pourtant pas à s'en dédire. Je vois monsieur de Querville si occupé autour de la calèche, qu'il y aurait mauvaise grace à lui tenir rigueur. Il faudra que tu sortes. Mademoiselle Lefèvre pensera ce qu'elle voudra; nous ne pouvons pas le contrarier après toute la peine qu'il se donne. Je vais mettre quelque chose de plus chaud et t'envoyer aussi de quoi te couvrir davantage.

(Elle baise sa nièce sur le front et sort)

SCÈNE XVI.

Mme DE QUERVILLE, SEULE.

(*Elle regarde machinalement sortir madame d'Orcy, et reste quelqu e temps les yeux fixés sur la porte comme une personne absorbée dans ses réflexions: ensuite, elle se lève, fait quelques pas, s'arrête, et vient retomber sur le siège qu'elle avait quitté.*)

Je ne puis pas me soutenir. Oh! ma tante, ma tanté, à quelle terrible épreuve vous venez de me mettre! Voilà donc ce secret que je n'osais m'avouer à moi-même, connu de toutes les personnes qui m'entourent. De toutes! Non, non, monsieur de

Querville l'ignore. Mais il ne faut qu'un instant. Je n'ai pourtant pas fait d'indiscrétion; du moins, je ne le crois pas. Si j'étais plus coupable, on le saurait donc de même? Ne peut-on pas le supposer? Grands Dieux! cette idée est affreuse.

(Elle se renverse sur son siège en mettant ses mains devant ses yeux.)

SCÈNE XVII.

Mme DE QUERVILLE, BENOIT.

(Il pose sur un siège une pelisse et un schal.)

BENOIT.

Madame, la fermière est là qui voudrait bien parler à madame.

Mme DE QUERVILLE.

Qu'est-ce que vous me dites?

BENOIT.

Madame, c'est la maîtresse Guenault qui demande à voir madame.

Mme DE QUERVILLE.

Catherine?

BENOIT.

Oui, Madame.

MME DE QUERVILLE.

Je ne puis pas dans ce moment-ci; dites-lui de revenir.

BENOIT.

Elle est si agitée, Madame, que j'ai dans l'idée qu'il lui est arrivé quelque malheur.

MME DE QUERVILLE.

Alors faites-la venir tout de suite, Benoît.

BENOIT.

La voici, Madame.

(Il sort.)

SCÈNE XVIII.

MME DE QUERVILLE, CATHERINE.

MME DE QUERVILLE.

Qu'avez-vous, ma bonne Catherine?

CATHERINE, pleurant.

Ah! ma chère dame!

MME DE QUERVILLE.

Qu'est-ce donc? Votre mari, votre enfant se portent bien?

18.

CATHERINE.

Hélas! Jésus, mon Dieu, il ne manquerait plus que ça.

Mme DE QUERVILLE.

Vous m'effrayez.

CATHERINE.

Enfin je vous vois, je suis sauvée. Rappelez-vous, Madame, qu'étant petites filles, nous jouions parfois toutes les deux ensemble; que votre famille m'a toujours aimée; que j'ai été mariée quand et quand vous...

Mme DE QUERVILLE.

Parlez, Catherine, parlez.

CATHERINE.

Votre mariage a si bien tourné et le mien pouvait tourner si mal! J'ai manqué faire une grande sottise, Madame. (Elle s'arrête pour essuyer ses yeux.) Mais vous me gronderez bien pour que je ne sois pas obligée de le dire à monsieur le curé; car, excepté vous, j'aimerais mieux tout au monde que d'en ouvrir la bouche à personne.

Mme DE QUERVILLE, avec bonté.

Allons, allons, Catherine, remettez-vous. Si je puis vous être utile, vous ne doutez pas du plaisir que j'aurai à vous obliger.

CATHERINE.

Ah! c'est que vous avez beau savoir ben des

choses, Madame, vous n'en avez peut-être jamais
entendues comme ce que j'ai à vous dire. J'ai été au
moment d'être amoureuse; oui, Madame. (Elle sanglote.)
Encore un peu, Madame, et j'étais perdue.

(Elle ne peut pas continuer.)

Mme DE QUERVILLE.

. Parlez plus bas, Catherine; Benoît est curieux, il
pourrait être à la porte à écouter.

CATHERINE.

V'là ben la bonté. O ma respectable dame, je ne
me suis pas trompée en venant vers vous. Attendez; je vas me remettre un peu. Je vous disais donc
que j'avais manqué d'être amoureuse; mais je pourrais aussi ben dire que je l'ai été tout-à-fait, si ce
n'est que Dieu a eu pitié de moi, et que mon bon
ange m'a retenue ben à point.

Mme DE QUERVILLE.

Vous, Catherine! vous amoureuse! et de qui?

CATHERINE.

Hélas, Madame, d'un capitaine au régiment qui
s'en va. C'était lui qui avait commencé; je ne m'en
suis doutée que sur le tard; mais c'est égal, je n'en
suis pas moins fautive. Il y avait déjà long-temps
qu'il venait chasser dans nos environs et qu'il en-
trait toujours à la ferme, tantôt pour demander du

lait ou ben du cidre, et queuquefois une omelette ou autre chose, que je ne devinais rien encore. Cependant, faut être juste, j'avais ben remarqué qu'il me regardait. Enfin un jour, vl'à qu'il a l'air de prendre son courage à deux mains, et qu'il me parle. C'est un honnête homme; oh! Madame, c'est un très-honnête homme; c'était plus fort que lui; il me l'a ben dit. « Tenez, Catherine, qu'il me dit, tous les militaires en général ne cherchent qu'à mettre les femmes à mal; mais moi, je ne voudrais pas vous faire du tort le moins du monde; je vous respecte trop pour cela; seulement je ne peux pas m'empêcher de vous dire que je vous aime comme je n'ai jamais aimé personne. »

MME DE QUERVILLE.

Eh bien! Catherine?

CATHERINE.

D'entendre un capitaine qui vous parle comme ça, tenez Madame, ça vous remue toujours. De ma vie je ne m'étais doutée de pareille chose; les paysans n'ont pas ces manières-là. Aussi je mentirais si je disais que ça m'a fait de la peine dans le moment; ça me donnait bonne idée de moi au contraire, d'avoir fait cet effet-là sur un capitaine. Il est revenu ben des fois encore, et chaque fois il ajoutait queuque chose de plus, et j'écoutais toujours; et quand il était parti, j'étais des heures entières à me ravoir, tant j'avais la tête ensorcelée. Faut que mon homme soit un ben brave homme pour ne s'être aperçu de rien.

MME DE QUERVILLE.

Après, après, ma chère Catherine.

CATHERINE.

Je le rudoyais pourtant queuque fois, ce pauvre Guillaume; il me semblait que sans lui j'aurais pu être heureuse, et je lui en voulais quasi d'être mon mari. C'est comme ça. N'y avait que mon enfant que j'aimais toujours ben; mais le reste, ma mère, ma sœur, tout ce qui n'était pas mon enfant ou le capitaine me paraissait de trop dans le monde.

MME DE QUERVILLE.

D'un moment à l'autre, on peut venir m'avertir que la voiture est prête; tâchez d'abréger un peu, si vous pouvez.

CATHERINE.

Eh ben! Madame, le capitaine est donc arrivé ce matin pour me faire ses adieux. Croiriez-vous qu'il pleurait, Madame? Moi, je n'avais pas fait autre chose de toute la nuit, mais tout bas, à cause de Guillaume, qui aurait pu m'entendre, de manière que nous ne savions pas ce que nous disions. Il était près de deux heures; nos gens allaient rentrer pour dîner, la bergère était déjà là qui toupillait à l'entour de nous; le capitaine voyait ben qu'il ne pouvait pas rester davantage. « Adieu, Catherine, qu'il me dit comme un homme qui n'a plus la tête à lui, adieu pour toujours! — Monsieur le capitaine, pourquoi pour toujours? que je lui réponds en fondant en larmes. Voulez-vous que nous nous revoyions encore? reprend-il à son tour; il ne tient qu'à vous. » Là-dessus il m'explique comme quoi le garde-chasse qui doit passer la nuit à l'affût, lui a donné le clef de sa cabane, et que si je veux y aller, il y restera ce soir jusqu'à dix heures à m'y attendre. Il tenait ma main qu'il serrait; moi, j'ai serré la sienne aussi; sa figure, alors, est devenue toute joyeuse; il est remonté à cheval, et le v'là parti.

Mlle DE QUERVILLE.

Allons, allons, ma chère Catherine, vous n'avez pas été à ce rendez-vous, j'en suis sûre.

CATHERINE.

C'est là le miracle, Madame. Toute la sainte journée je n'avais fait que me demander: J'irai-t-il? je n'irai-t-il pas? Le soleil était déjà sur le bois Saint-Georges que je barguignais encore. Sans m'en douter cependant j'avais mis queuques provisions dans un panier, et mon homme, à qui j'avais menti, croyant que c'était vous qui vouliez me parler, me tourmentait pour partir de peur de vous faire at-

tendre; il me mettait presque dehors. Je voulais coucher notre enfant; il me dit qu'il s'en chargeait; je
cherchais encore mille autres inventions; mais c'était
inutile. Je n'avais donc plus d'excuse pour rester, à
moins de tout avouer à Guillaume; ma fine! j'aimai
mieux décamper. A mesure que je marchais, je marchais plus vite, si ben que j'avais les joues comme du
feu, et que mon cœur battait à m'en faire trouver
mal. Je pensais cependant toujours à mon mari;
c'est-il pas singulier? mais je n'en courais pas moins.
Il me fallait passer devant votre château; en son-
geant que vous étiez si tranquille tandis que la malheureuse Catherine se laissait pousser par le diable,
je sentis sur mon estomac un froid qui était comme
de la glace; c'était mon salut. N'faut pas aller plus
loin, je pensai; faut entrer là. Madame, qui est la
vertu même, me remettra l'esprit.

MME DE QUERVILLE.

Vous vous calomniez, Catherine, vous n'aviez pas
besoin de moi. Dès qu'on réfléchit sur ces choses-
là, on est sauvé.

CATHERINE.

Je n'aurais plus osé regarder mon homme; j'aurais gâté mon ménage; j'aurais toujours eu la tête à
l'envers. Quand la tête d'une maîtresse de maison
est à l'envers, il est ben rare que sa maison aille
comme il faut. Et mon pauvre petit Chérubin, com-

ment son père l'aura-t-il couché? S'il l'a mis sur le dos, il ne jettera qu'un cri; s'il l'a mis sur le côté gauche, il ne pourra pas s'endormir: il ne dort que sur le côté droit. Ajoutez à ça que c'est demain la tonte des moutons, j'ai dix femmes de plus à nourrir; je n'ai seulement pas donné d'ordres. Ah! que je voudrais être chez nous.

MME DE QUERVILLE.

Je vais vous y reconduire moi-même, Catherine.

CATHERINE.

Vous, Madame?

MME DE QUERVILLE.

Oui, Catherine.

CATHERINE.

Comme ça va ben faire pour mon homme. Il me semble que je reviens au monde. Un homme si parfait, qui, en vérité de Dieu, n'a jamais désiré de bonnes récoltes que pour satisfaire mes glorieusetés! Que je vas l'embrasser de bon cœur, ce cher Guillaume. Est-on folle, dites donc, Madame, de se donner du tintouin comme ça, quand on a le bonheur sous la main?

MME DE QUERVILLE.

Vous avez bien raison.

CATHERINE.

Un mari, ça reste; les autres, qu'est-ce que ça

dure? D'ailleurs quand on en a écouté un autre, on
peut en écouter ben d'autres. Y a tant d'hommes
qui ne demandent pas mieux qu'à se moquer de
vous. Où ça s'arrête-t-il? Et les voisines, et les ca-
quets! Sans compter mon pauvre petit garçon qui
n'aurait pas manqué d'apprendre cela un jour! Vau-
drait mieux être dans l'enfer. Oui, Madame, je le
dis comme je le pense; ce n'est pas que je sache
trop comment on est par-là; mais ça ne peut pas
être pire.

SCÈNE XIX.

Mme DE QUERVILLE, CATHERINE ET SUCCESSI-
VEMENT Mlle LEFÈVRE ET Mme D'ORCY.

Mlle LEFÈVRE.

Je viens d'apprendre avec bien de la joie que madame allait sortir.

Mme DE QUERVILLE.

Quelle joie cela peut-il vous procurer?

Mme LEFÈVRE.

C'est que d'abord, je crois que cela fera du bien

à madame, et que je suis sûre que le colonel y sera très-sensible.

Mme DE QUERVILLE.

Sensible à ce que je reconduise Catherine à sa ferme?

Mme D'ORCY, qui a entendu ces derniers mots.

Est-ce que c'est à la ferme que tu vas?

Mme DE QUERVILLE.

Oui, ma tante. Puisque monsieur de Querville veut absolument que je sorte, j'aime mieux aller de ce côté-là.

Mme D'ORCY.

Je suis tout-à-fait de ton avis, mon cœur.

Mme DE QUERVILLE.

Si vous restez ici, vous recevrez Ernest.

Mme D'ORCY.

Ne t'embarrasse pas.

Mme DE QUERVILLE, prenant un ton dégagé.

Vous avez assez de sujets de conversation ensemble. Pendant que nous le tiendrons, il faut absolument le décider à ce mariage dont vous m'avez parlé.

Mme D'ORCY, ne pouvant s'empêcher de regarder sa nièce avec étonnement.

Pour moi, je ne demande pas mieux.

MME DE QUERVILLE.

Vous avez beau ne pas aimer les brus, vous finirez toujours par en avoir une ; autant celle-là qu'une autre (Bas, en serrant la main de madame d'Orcy.) Devinez-vous pour qui je parle ainsi ?

MME D'ORCY , bas à madame de Querville.

Je n'aurais qu'à regarder mademoiselle Lefèvre, je le devinerais bien vite.

MLLE LEFÈVRE, à part.

Qu'est-ce que cela signifie ?

SCÈNE XX et dernière.

M. ET MME DE QUERVILLE, MME D'ORCY,
MLLE LEFÈVRE, CATHERINE.

M. DE QUERVILLE.

Vous avez attendu un peu long-temps ; mais j'ai vu le moment où je serais obligé d'atteler moi-même ; il n'y avait personne ici. Le garde-chasse , qui est ivre-mort, leur a raconté qu'un officier lui avait emprunté sa cabane pour un rendez-vous ; ils ont voulu voir avec qui, et ils étaient tous en embuscade depuis plus d'une heure quand je les ai envoyé chercher.

CATHERINE , dans l'oreille de madame de Querville.

Sainte Vierge! l'ai-je échappé belle.

MME DE QUERVILLE, bas.

Paix. Taisez-vous.

M. DE QUERVILLE.

A présent, madame de Querville, je suis entièrement à vos ordres.

MME DE QUERVILLE, d'une voix caressante.

Mon ami, c'est que j'ai promis à Catherine de la reconduire à la ferme.

M. DE QUERVILLE.

En calèche?

MME DE QUERVILLE, riant.

Mais oui. Pourquoi pas?

M. DE QUERVILLE.

Moi, pourvu que je vous enlève, d'un côté ou d'un autre, cela m'est égal.

MME D'ORCY.

Ernest nous ayant écrit qu'il venait avec sa voiture, d'aller au devant de lui eût été inutile.

M. DE QUERVILLE.

Catherine n'est jamais montée dans une calèche, je parie?

CATHERINE.

Pour ça non, ben sûr, Monsieur.

M. DE QUERVILLE.

Tant mieux. Si jamais vous venez à Paris, Catherine, je vous mènerai à l'Opéra.

CATHERINE.

Vous êtes trop bon, Monsieur ; je vous remercie beaucoup ; mais j'ai ben de la peine à croire que ça m'arrive. Il faudrait terriblement de choses à présent pour me faire quitter mon ménage.

M. DE QUERVILLE.

Ça fait voir du nouveau, Catherine.

CATHERINE.

Et ça peut dégoûter de l'ancien, Monsieur. Une femme qui veut rester heureuse ne doit pas chercher du nouveau.

OU LA CHÈVRE EST ATTACHÉE,
IL FAUT QU'ELLE BROUTE.

TABLE DES PROVERBES

CONTENUS DANS CE VOLUME.

FIN DE LA TABLE.

Librairie d'Alexandre Mesnier.

Nouvelle Publication.

LA MUSIQUE

MISE A LA PORTÉE

DE

TOUT LE MONDE.

EXPOSÉ SUCCINCT DE TOUT CE QUI EST NÉCESSAIRE POUR
PARLER DE CET ART ET POUR EN JUGER SANS L'AVOIR ÉTUDIÉ

Par M. FÉTIS,

DIRECTEUR DE LA REVUE MUSICALE.

UN VOL. IN-8°, ACCOMPAGNÉ DE PLANCHES

Prix : 7 fr. 50 c.